马列名言精选

2024

农历甲辰年

日历珍藏版

中共中央党校出版社

图书在版编目（CIP）数据

马列名言精选 / 李海青编.--北京：中共中央党校出版社，2023.7
ISBN 978-7-5035-7533-4

Ⅰ.①马… Ⅱ.①李… Ⅲ.①马列著作—学习参考资料 Ⅳ.①A5

中国国家版本馆CIP数据核字(2023)第087301号

马列名言精选

责任编辑	齐慧超
责任印制	陈梦楠
责任校对	魏学静
出版发行	中共中央党校出版社
地　　址	北京市海淀区长春桥路6号
电　　话	（010）68922815（总编室）　（010）68922233（发行部）
传　　真	（010）68922814
经　　销	全国新华书店
印　　刷	中煤（北京）印务有限公司
开　　本	787毫米×1092毫米　1/32
字　　数	226千字
印　　张	23.75
版　　次	2023年7月第1版　2023年7月第1次印刷
定　　价	88.00元

微 信 ID：中共中央党校出版社　　　邮　　箱：zydxcbs2018@163.com

版权所有·侵权必究

如有印装质量问题，请与本社发行部联系调换

2024
January

1 月

二〇二四年 辰龙

一	二	三	四	五	六	日
1 元旦	2 廿一	3 廿二	4 廿三	5 廿四	6 小寒	7 廿六
8 廿七	9 廿八	10 廿九	11 腊月	12 初二	13 初三	14 初四
15 初五	16 初六	17 初七	18 腊八节	19 初九	20 大寒	21 十一
22 十二	23 十三	24 十四	25 十五	26 十六	27 十七	28 十八
29 十九	30 二十	31 廿一				

2024 年 1 月

1

元旦

农历十一月二十

星期一

在选择职业时，我们应该遵循的主要指针是人类的幸福和我们自身的完美。不应认为，这两种利益会彼此敌对、互相冲突，一种利益必定消灭另一种利益；相反，人的本性是这样的：人只有为同时代人的完美、为他们的幸福而工作，自己才能达到完美。

　　——马克思《青年在选择职业时的考虑》

2024 年 1 月

2

农历十一月廿一

星期二

如果一个人只为自己劳动，他也许能够成为著名的学者、伟大的哲人、卓越的诗人，然而他永远不能成为完美的、真正伟大的人物。

——马克思《青年在选择职业时的考虑》

2024 年 1 月

3

农历十一月廿二

星期三

如果我们选择了最能为人类福利而劳动的职业，那么，重担就不能把我们压倒，因为这是为大家而献身；那时我们所感到的就不是可怜的、有限的、自私的乐趣，我们的幸福将属于千百万人，我们的事业将默默地、但是永恒发挥作用地存在下去，而面对我们的骨灰，高尚的人们将洒下热泪。

　　　　　　　　——马克思《青年在选择职业时的考虑》

2024 年 1 月

4

农历十一月廿三

星期四

人要学会走路,也得学会摔跤,而且只有经过摔跤,他才能学会走路。

——马克思《第六届莱茵省议会的辩论》

2024 年 1 月

5

农历十一月廿四

星期五

良心是由人的知识和全部生活方式来决定的。
——马克思《对哥特沙克及其同志们的审判》

2024 年 1 月

小寒

农历十一月廿五

星期六

最精致、最珍贵和看不见的精髓都集中在哲学思想里。

——马克思《第179号"科伦日报"社论》

2024 年 1 月

7

农历十一月廿六

星期日

在政治上为了一定的目的，甚至可以同魔鬼结成联盟，只是必须肯定，是你领着魔鬼走而不是魔鬼领着你走。

——马克思《科苏特、马志尼和路易-拿破仑》

2024 年 1 月

8

农历十一月廿七

星期一

人创造了宗教，而不是宗教创造人。
　　　　——马克思《〈黑格尔法哲学批判〉导言》

2024 年 1 月

农历十一月廿八

星期二

宗教是人民的鸦片。

——马克思《〈黑格尔法哲学批判〉导言》

2024 年 1 月

10

农历十一月廿九

星期三

对宗教的批判就是对苦难尘世——宗教是它的神圣光环——的批判的胚芽。

——马克思《〈黑格尔法哲学批判〉导言》

党史上的今天

1938年1月10日,晋察冀边区临时行政委员会在冀西阜平成立。这是由中国共产党领导建立的敌后第一个统一战线性质的抗日民主政权。

2024 年 1 月

11

农历腊月初一

星期四

历史是认真的,经过许多阶段才把陈旧的形态送进坟墓。

——马克思《〈黑格尔法哲学批判〉导言》

2024 年 1 月

12

农历腊月初二

星期五

批判的武器当然不能代替武器的批判,物质力量只能用物质力量来摧毁;但是理论一经掌握群众,也会变成物质力量。

——马克思《〈黑格尔法哲学批判〉导言》

2024 年 1 月

13

农历腊月初三

星期六

理论只要说服人,就能掌握群众;而理论只要彻底,就能说服人。

——马克思《〈黑格尔法哲学批判〉导言》

2024 年 1 月

14

农历腊月初四

星期日

理论在一个国家实现的程度,总是取决于理论满足这个国家的需要的程度。

——马克思《〈黑格尔法哲学批判〉导言》

2024 年 1 月

15

农历腊月初五

星期一

只要私有制存在一天，一切终究会归结为竞争。

——恩格斯《国民经济学批判大纲》

党史上的今天

1935年1月15—17日，中共中央政治局在贵州遵义召开扩大会议。遵义会议是党的历史上一个生死攸关的转折点。这次会议在红军第五次反"围剿"失败和长征初期严重受挫的历史关头召开，事实上确立了毛泽东在党中央和红军的领导地位，开始确立了以毛泽东为主要代表的马克思主义正确路线在党中央的领导地位，开始形成了以毛泽东为核心的第一代中央领导集体，开启了党独立自主解决中国革命实际问题的新阶段。

2024 年 1 月

16

农历腊月初六

星期二

对梨说来，梨之成为梨，是非本质的；对苹果说来，苹果之成为苹果，也是非本质的。这些物的本质的东西并不是它们的可以用感官感触得到的现实的定在，而是我从它们中抽象出来并强加于它们的本质，即我的观念的本质——"果品"。

　　　　——马克思、恩格斯《神圣家族，或对批判的批判所做的批判》

党史上的今天

　　1939年1月16日，中共中央南方局在重庆成立，周恩来为书记。

2024 年 1 月

17

农历腊月初七

星期三

"思想"一旦离开"利益",就一定会使自己出丑。

——马克思、恩格斯《神圣家族,或对批判的批判所做的批判》

2024 年 1 月

18

腊八节

农历腊月初八

星期四

历史活动是群众的活动,随着历史活动的深入,必将是群众队伍的扩大。

——马克思、恩格斯《神圣家族,或对批判的批判所做的批判》

2024 年 1 月

19

农历腊月初九

星期五

历史什么事情也没有做,它"不拥有任何惊人的丰富性",它"没有进行任何战斗"!其实,正是人,现实的、活生生的人在创造这一切,拥有这一切并且进行战斗。

——马克思、恩格斯《神圣家族,或对批判的批判所做的批判》

2024 年 1 月

20

大寒

农历腊月初十

星期六

并不是"历史"把人当做手段来达到自己——仿佛历史是一个独具魅力的人——的目的。历史不过是追求着自己目的的人的活动而已。

——马克思、恩格斯《神圣家族,或对批判的批判所做的批判》

2024 年 1 月

21

农历腊月十一

星期日

思想永远不能超出旧世界秩序的范围，在任何情况下，思想所能超出的只是旧世界秩序的思想范围。

——马克思、恩格斯《神圣家族，或对批判的批判所做的批判》

2024 年 1 月

22

农历腊月十二

星期一

思想本身根本不能实现什么东西。思想要得到实现，就要有使用实践力量的人。

——马克思、恩格斯《神圣家族，或对批判的批判所做的批判》

2024 年 1 月

23

农历腊月十三

星期二

不能把思想同思维着的物质分开。物质是一切变化的主体。

——马克思、恩格斯《神圣家族,或对批判的批判所做的批判》

2024 年 1 月

24

农历腊月十四

星期三

人和自然都服从于同样的规律,强力和自由是同一的。

——马克思、恩格斯《神圣家族,或对批判的批判所做的批判》

2024 年 1 月

25

农历腊月十五

星期四

无产阶级和财富是两个对立面。它们本身构成一个整体。它们是私有财产世界的两种形态。

——马克思、恩格斯《神圣家族，或对批判的批判所做的批判》

2024 年 1 月

26

农历腊月十六

星期五

无产阶级作为无产阶级,不得不消灭自身,因而也不得不消灭制约着它而使它成为无产阶级的那个对立面——私有财产。

——马克思、恩格斯《神圣家族,或对批判的批判所做的批判》

党史上的今天

1952年1月26日,中共中央发出《关于首先在大中城市开展"五反"斗争的指示》,要求在全国大中城市向违法的资本家开展反对行贿、反对偷税漏税、反对盗骗国家财产、反对偷工减料和反对盗窃经济情报的斗争。

2024 年 1 月

27

农历腊月十七

星期六

工人生产的财富越多，他的生产的影响和规模越大，他就越贫穷。工人创造的商品越多，他就越变成廉价的商品。物的世界的增值同人的世界的贬值成正比。

——马克思《1844年经济学哲学手稿》

2024 年 1 月

28

农历腊月十八

星期日

工人生产得越多，他能够消费的越少；他创造的价值越多，他自己越没有价值、越低贱；工人的产品越完美，工人自己越畸形；工人创造的对象越文明，工人自己越野蛮；劳动越有力量，工人越无力；劳动越机巧，工人越愚笨，越成为自然界的奴隶。

——马克思《1844年经济学哲学手稿》

2024 年 1 月

29

农历腊月十九

星期一

劳动为富人生产了奇迹般的东西，但是为工人生产了赤贫。劳动生产了宫殿，但是给工人生产了棚舍。劳动生产了美，但是使工人变成畸形。劳动用机器代替了手工劳动，但是使一部分工人回到野蛮的劳动，并使另一部分工人变成机器。劳动生产了智慧，但是给工人生产了愚钝和痴呆。

——马克思《1844年经济学哲学手稿》

2024 年 1 月

30

农历腊月二十

星期二

人（工人）只有在运用自己的动物机能——吃、喝、生殖，至多还有居住、修饰等等——的时候，才觉得自己在自由活动，而在运用人的机能时，觉得自己只不过是动物。动物的东西成为人的东西，而人的东西成为动物的东西。

——马克思《1844年经济学哲学手稿》

2024 年 1 月

31

农历腊月廿一

星期三

人靠自然界生活。

——马克思《1844年经济学哲学手稿》

2024

February

2月

二〇二四年 辰龙

一	二	三	四	五	六	日
			1 廿二	2 廿三	3 廿四	4 立春
5 廿六	6 廿七	7 廿八	8 廿九	9 除夕	10 春节	11 初二
12 初三	13 初四	14 情人节	15 初六	16 初七	17 初八	18 初九
19 雨水	20 十一	21 十二	22 十三	23 十四	24 元宵节	25 十六
26 十七	27 十八	28 十九	29 二十			

2024 年 2 月

1

农历腊月廿二

星期四

正是在改造对象世界的过程中，人才真正地证明自己是类存在物。这种生产是人的能动的类生活。通过这种生产，自然界才表现为他的作品和他的现实。

——马克思《1844年经济学哲学手稿》

2024 年 2 月

2

农历腊月廿三

星期五

历史本身是自然史的一个现实部分,即自然界生成为人这一过程的一个现实部分。

——马克思《1844年经济学哲学手稿》

党史上的今天

1939年2月2日,中共中央在延安召开生产动员大会,毛泽东发出"自己动手"的号召。

2024 年 2 月

3

农历腊月廿四

星期六

任何一个存在物只有当它用自己的双脚站立的时候，才认为自己是独立的，而且只有当它依靠自己而存在的时候，它才是用自己的双脚站立的。

——马克思《1844年经济学哲学手稿》

2024 年 2 月

4

立春

农历腊月廿五

星期日

共产主义是作为否定的否定的肯定，因此，它是人的解放和复原的一个现实的、对下一段历史发展来说是必然的环节。

——马克思《1844年经济学哲学手稿》

2024 年 2 月

5

农历腊月廿六

星期一

知识是意识的唯一的行动。

——马克思《1844年经济学哲学手稿》

2024 年 2 月

6

农历腊月廿七

星期二

私有制不懂得要把粗陋的需要变为人的需要。

——马克思《1844年经济学哲学手稿》

2024 年 2 月

7

农历腊月廿八

星期三

货币是需要和对象之间、人的生活和生活资料之间的牵线人。

——马克思《1844年经济学哲学手稿》

2024 年 2 月

8

农历腊月廿九

星期四

关于人的科学本身是人在实践上的自我实现的产物。

——马克思《1844年经济学哲学手稿》

2024 年 2 月

9

除夕

农历腊月三十

星期五

货币的特性的普遍性是货币的本质的万能。

——马克思《1844年经济学哲学手稿》

2024 年 2 月

10

春节

农历正月初一

星期六

共产主义不是教义,而是运动。它不是从原则出发,而是从事实出发。共产主义者不是把某种哲学作为前提,而是把迄今为止的全部历史,特别是这一历史目前在文明各国造成的实际结果作为前提。

——恩格斯《共产主义者和卡尔·海因岑》

2024 年 2 月

11

农历正月初二

星期日

资本主义生产是不可能稳定不变的,它必须增长和扩大,否则必定死亡。

——恩格斯《英国工人阶级状况》

2024 年 2 月

12

农历正月初三

星期一

伟大的阶级，正如伟大的民族一样，无论从哪方面学习都不如从自己所犯错误的后果中学习来得快。

——恩格斯《英国工人阶级状况》

2024 年 2 月

13

农历正月初四

星期二

人的思维是否具有客观的真理性，这不是一个理论的问题，而是一个实践的问题。人应该在实践中证明自己思维的真理性，即自己思维的现实性和力量，自己思维的此岸性。

——马克思《关于费尔巴哈的提纲》

2024 年 2 月

14

情人节

农历正月初五

星期三

人的本质不是单个人所固有的抽象物,在其现实性上,它是一切社会关系的总和。

——马克思《关于费尔巴哈的提纲》

党史上的今天

1950年2月14日,中国同苏联签订《中苏友好同盟互助条约》及有关协定。

2024 年 2 月

15

农历正月初六

星期四

全部社会生活在本质上是实践的。
——马克思《关于费尔巴哈的提纲》

2024 年 2 月

16

农历正月初七

星期五

旧唯物主义的立脚点是市民社会,新唯物主义的立脚点则是人类社会或社会的人类。

——马克思《关于费尔巴哈的提纲》

2024 年 2 月

17

农历正月初八

星期六

哲学家们只是用不同的方式解释世界，问题在于改变世界。

——马克思《关于费尔巴哈的提纲》

2024 年 2 月

18

农历正月初九

星期日

人创造环境,同样,环境也创造人。

——马克思、恩格斯《德意志意识形态》

2024 年 2 月

19

雨水

农历正月初十

星期一

全部人类历史的第一个前提无疑是有生命的个人的存在。

——马克思、恩格斯《德意志意识形态》

2024 年 2 月

20

农历正月十一

星期二

对实践的唯物主义者即共产主义者来说，全部问题都在于使现存世界革命化，实际地反对并改变现存的事物。

——马克思、恩格斯《德意志意识形态》

2024 年 2 月

21

农历正月十二

星期三

人们为了能够"创造历史",必须能够生活。但是为了生活,首先就需要吃喝住穿以及其他一些东西。因此第一个历史活动就是生产满足这些需要的资料,即生产物质生活本身,而且,这是人们从几千年前直到今天单是为了维持生活就必须每日每时从事的历史活动,是一切历史的基本条件。

——马克思、恩格斯《德意志意识形态》

2024 年 2 月

22

农历正月十三

星期四

人们之间一开始就有一种物质的联系。这种联系是由需要和生产方式决定的,它和人本身有同样长久的历史;这种联系不断采取新的形式,因而就表现为"历史",它不需要用任何政治的或宗教的呓语特意把人们维系在一起。

——马克思、恩格斯《德意志意识形态》

2024 年 2 月

23

农历正月十四

星期五

在共产主义社会里，任何人都没有特殊的活动范围，而是都可以在任何部门内发展，社会调节着整个生产，因而使我有可能随自己的兴趣今天干这事，明天干那事，上午打猎，下午捕鱼，傍晚从事畜牧，晚饭后从事批判，这样就不会使我老是一个猎人、渔夫、牧人或批判者。

——马克思、恩格斯《德意志意识形态》

2024 年 2 月

24

元宵节

农历正月十五

星期六

历史不外是各个世代的依次交替。每一代都利用以前各代遗留下来的材料、资金和生产力;由于这个缘故,每一代一方面在完全改变了的环境下继续从事所继承的活动,另一方面又通过完全改变了的活动来变更旧的环境。

——马克思、恩格斯《德意志意识形态》

2024 年 2 月

25

农历正月十六

星期日

统治阶级的思想在每一时代都是占统治地位的思想。这就是说，一个阶级是社会上占统治地位的物质力量，同时也是社会上占统治地位的精神力量。

——马克思、恩格斯《德意志意识形态》

2024 年 2 月

26

农历正月十七

星期一

共产主义和所有过去的运动不同的地方在于：它推翻一切旧的生产关系和交往关系的基础，并且第一次自觉地把一切自发形成的前提看做是前人的创造，消除这些前提的自发性，使这些前提受联合起来的个人的支配。

——马克思、恩格斯《德意志意识形态》

2024 年 2 月

27

农历正月十八

星期二

不是意识决定生活，而是生活决定意识。

——马克思、恩格斯《德意志意识形态》

2024 年 2 月

28

农历正月十九

星期三

社会结构和国家总是从一定的个人的生活过程中产生的。

——马克思、恩格斯《德意志意识形态》

2024 年 2 月

29

农历正月二十

星期四

虚心使人进步,骄傲使人落后,我们应当永远记住这个真理。

——毛泽东《中国共产党第八次全国代表大会开幕词》

2024
March

3月

二〇二四年　辰龙

一	二	三	四	五	六	日
				1 廿一	2 廿二	3 廿三
4 廿四	5 惊蛰	6 廿六	7 廿七	8 妇女节	9 廿九	10 二月
11 初二	12 植树节	13 初四	14 初五	15 初六	16 初七	17 初八
18 初九	19 初十	20 春分	21 十二	22 十三	23 十四	24 十五
25 十六	26 十七	27 十八	28 十九	29 二十	30 廿一	31 廿二

2024 年 3 月

1

农历正月廿一

星期五

各个人的出发点总是他们自己。
——马克思、恩格斯《德意志意识形态》

2024 年 3 月

2

农历正月廿二

星期六

个人力量（关系）由于分工而转化为物的力量这一现象，不能靠人们从头脑里抛开关于这一现象的一般观念的办法来消灭，而只能靠个人重新驾驭这些物的力量，靠消灭分工的办法来消灭。没有共同体，这是不可能实现的。

——马克思、恩格斯《德意志意识形态》

2024 年 3 月

3

农历正月廿三

星期日

只有在共同体中,个人才能获得全面发展其才能的手段,也就是说,只有在共同体中才可能有个人自由。

——马克思、恩格斯《德意志意识形态》

2024 年 3 月

4

农历正月廿四

星期一

在一切生产工具中,最强大的一种生产力是革命阶级本身。革命因素之组成为阶级,是以旧社会的怀抱中所能产生的全部生产力的存在为前提的。

——马克思《哲学的贫困》

2024 年 3 月

5

惊蛰

农历正月廿五

星期二

随着新生产力的获得,人们改变自己的生产方式,随着生产方式即谋生的方式的改变,人们也就会改变自己的一切社会关系。手推磨产生的是封建主的社会,蒸汽磨产生的是工业资本家的社会。

——马克思《哲学的贫困》

党史上的今天

　　1963年3月5日,《人民日报》刊登毛泽东的题词"向雷锋同志学习",全国掀起学习雷锋先进事迹的热潮。

2024 年 3 月

6

农历正月廿六

星期三

社会制度中的任何变化,所有制关系中的每一次变革,都是产生了同旧的所有制关系不再相适应的新的生产力的必然结果。

——恩格斯《共产主义原理》

2024 年 3 月

7

农历正月廿七

星期四

如果不立即利用民主作为手段实行进一步的、直接向私有制发起进攻和保障无产阶级生存的各种措施，那么，这种民主对于无产阶级就毫无用处。

——恩格斯《共产主义原理》

2024 年 3 月

8

妇女节

农历正月廿八

星期五

由社会全体成员组成的共同联合体来共同地和有计划地利用生产力;把生产发展到能够满足所有人的需要的规模;结束牺牲一些人的利益来满足另一些人的需要的状况;彻底消灭阶级和阶级对立;通过消除旧的分工,通过产业教育、变换工种、所有人共同享受大家创造出来的福利,通过城乡的融合,使社会全体成员的才能得到全面发展,——这就是废除私有制的主要结果。

——恩格斯《共产主义原理》

2024 年 3 月

9

农历正月廿九

星期六

一个民族当它还在压迫其他民族的时候,是不可能获得自由的。

——马克思、恩格斯《关于波兰的演说》

2024 年 3 月

10

农历二月初一

星期日

黑人就是黑人。只有在一定的关系下，他才成为奴隶。纺纱机是纺棉花的机器。只有在一定的关系下，它才成为资本。脱离了这种关系，它也就不是资本了，就像黄金本身并不是货币，砂糖并不是砂糖的价格一样。

—— 马克思《雇佣劳动与资本》

2024 年 3 月

11

农历二月初二

星期一

资本的实质并不在于积累起来的劳动是替活劳动充当进行新生产的手段。它的实质在于活劳动是替积累起来的劳动充当保存并增加其交换价值的手段。

——马克思《雇佣劳动与资本》

2024 年 3 月

12

植树节

农历二月初三

星期二

至今一切社会的历史都是阶级斗争的历史。

——马克思、恩格斯《共产党宣言》

2024 年 3 月

13

农历二月初四

星期三

资产阶级在它的不到一百年的阶级统治中所创造的生产力,比过去一切世代创造的全部生产力还要多,还要大。

——马克思、恩格斯《共产党宣言》

2024 年 3 月

14

农历二月初五

星期四

资产阶级不仅锻造了置自身于死地的武器；它还产生了将要运用这种武器的人——现代的工人，即无产者。

——马克思、恩格斯《共产党宣言》

2024 年 3 月

15

农历二月初六

星期五

无产者没有什么自己的东西必须加以保护,他们必须摧毁至今保护和保障私有财产的一切。

——马克思、恩格斯《共产党宣言》

2024 年 3 月

16

农历二月初七

星期六

过去的一切运动都是少数人的,或者为少数人谋利益的运动。无产阶级的运动是绝大多数人的,为绝大多数人谋利益的独立的运动。

——马克思、恩格斯《共产党宣言》

2024 年 3 月

17

农历二月初八

星期日

随着大工业的发展，资产阶级赖以生产和占有产品的基础本身也就从它的脚下被挖掉了。它首先生产的是它自身的掘墓人。资产阶级的灭亡和无产阶级的胜利是同样不可避免的。

——马克思、恩格斯《共产党宣言》

2024 年 3 月

18

农历二月初九

星期一

共产党人不是同其他工人政党相对立的特殊政党。他们没有任何同整个无产阶级的利益不同的利益。

——马克思、恩格斯《共产党宣言》

2024 年 3 月

19

农历二月初十

星期二

共产主义的特征并不是要废除一般的所有制,而是要废除资产阶级的所有制。

——马克思、恩格斯《共产党宣言》

2024 年 3 月

20

春分

农历二月十一

星期三

共产党人可以把自己的理论概括为一句话：消灭私有制。

——马克思、恩格斯《共产党宣言》

2024 年 3 月

21

农历二月十二

星期四

在资产阶级社会里,活的劳动只是增殖已经积累起来的劳动的一种手段。在共产主义社会里,已经积累起来的劳动只是扩大、丰富和提高工人的生活的一种手段。因此,在资产阶级社会里是过去支配现在,在共产主义社会里是现在支配过去。在资产阶级社会里,资本具有独立性和个性,而活动着的个人却没有独立性和个性。

——马克思、恩格斯《共产党宣言》

2024 年 3 月

22

农历二月十三

星期五

任何一个时代的统治思想始终都不过是统治阶级的思想。

——马克思、恩格斯《共产党宣言》

2024 年 3 月

23

农历二月十四

星期六

共产主义革命就是同传统的所有制关系实行最彻底的决裂；毫不奇怪，它在自己的发展进程中要同传统的观念实行最彻底的决裂。

——马克思、恩格斯《共产党宣言》

党史上的今天

1949年3月23日，毛泽东率领中央机关离开西柏坡，向北平进发。毛泽东对周恩来说，今天是进京的日子，进京"赶考"去。我们决不当李自成，我们都希望考个好成绩。

2024 年 3 月

24

农历二月十五

星期日

工人革命的第一步就是使无产阶级上升为统治阶级,争得民主。无产阶级将利用自己的政治统治,一步一步地夺取资产阶级的全部资本,把一切生产工具集中在国家即组织成为统治阶级的无产阶级手里,并且尽可能快地增加生产力的总量。

——马克思、恩格斯《共产党宣言》

2024 年 3 月

25

农历二月十六

星期一

代替那存在着阶级和阶级对立的资产阶级旧社会的,将是这样一个联合体,在那里,每个人的自由发展是一切人的自由发展的条件。

——马克思、恩格斯《共产党宣言》

2024 年 3 月

26

农历二月十七

星期二

共产党人不屑于隐瞒自己的观点和意图。他们公开宣布：他们的目的只有用暴力推翻全部现存的社会制度才能达到，让统治阶级在共产主义革命面前发抖吧。无产者在这个革命中失去的只是锁链，他们获得的将是整个世界。

——马克思、恩格斯《共产党宣言》

2024 年 3 月

27

农历二月十八

星期三

每一历史时代的经济生产以及必然由此产生的社会结构,是该时代政治的和精神的历史的基础。

——马克思、恩格斯《共产党宣言》

2024 年 3 月

28

农历二月十九

星期四

共产主义并不剥夺任何人占有社会产品的权力,它只剥夺利用这种占有去奴役他人劳动的权力。

——马克思、恩格斯《共产党宣言》

2024 年 3 月

29

农历二月二十

星期五

历史本身就是审判官,而无产阶级就是执刑者。
——马克思《在〈人民报〉创刊纪念会上的演说》

2024 年 3 月

30

农历二月廿一

星期六

在我们这个时代，每一种事物好像都包含有自己的反面。

——马克思《在〈人民报〉创刊纪念会上的演说》

2024 年 3 月

31

农历二月廿二

星期日

财富的新源泉,由于某种奇怪的、不可思议的魔力而变成贫困的源泉。技术的胜利,似乎是以道德的败坏为代价换来的。

——马克思《在〈人民报〉创刊纪念会上的演说》

2024
April

4 月

二〇二四年　辰龙

一	二	三	四	五	六	日
1 愚人节	2 廿四	3 廿五	4 清明	5 廿七	6 廿八	7 廿九
8 三十	9 三月	10 初二	11 初三	12 初四	13 初五	14 初六
15 初七	16 初八	17 初九	18 初十	19 谷雨	20 十二	21 十三
22 十四	23 十五	24 十六	25 十七	26 十八	27 十九	28 二十
29 廿一	30 廿二					

2024 年 4 月

1

愚人节

农历二月廿三

星期一

随着人类愈益控制自然,个人却似乎愈益成为别人的奴隶或自身的卑劣行为的奴隶。甚至科学的纯洁光辉仿佛也只能在愚昧无知的黑暗背景上闪耀。

——马克思《在〈人民报〉创刊纪念会上的演说》

2024 年 4 月

2

农历二月廿四

星期二

我们的一切发明和进步,似乎结果是使物质力量成为有智慧的生命,而人的生命则化为愚钝的物质力量。

　　——马克思《在〈人民报〉创刊纪念会上的演说》

2024 年 4 月

3

农历二月廿五

星期三

工人也同机器本身一样,是现代的产物。
——马克思《在〈人民报〉创刊纪念会上的演说》

2024 年 4 月

4

清明

农历二月廿六

星期四

无论哪一个社会形态,在它所能容纳的全部生产力发挥出来以前,是决不会灭亡的;而新的更高的生产关系,在它的物质存在条件在旧社会的胎胞里成熟以前,是决不会出现的。

——马克思《〈政治经济学批判〉序言》

2024 年 4 月

5

农历二月廿七

星期五

> 人是最名副其实的政治动物,不仅是一种合群的动物,而且是只有在社会中才能独立的动物。
>
> ——马克思《〈政治经济学批判〉导言》

党史上的今天

1965年4月5日,河南省林县红旗渠实现总干渠通水。林县人民自力更生、艰苦奋斗,建成"人造天河"红旗渠。

2024 年 4 月

6

农历二月廿八

星期六

人们在自己生活的社会生产中发生一定的、必然的、不以他们的意志为转移的关系,即同他们的物质生产力的一定发展阶段相适合的生产关系。这些生产关系的总和构成社会的经济结构,即有法律的和政治的上层建筑竖立其上并有一定的社会意识形式与之相适应的现实基础。

——马克思《〈政治经济学批判〉序言》

2024 年 4 月

7

农历二月廿九

星期日

物质生活的生产方式制约着整个社会生活、政治生活和精神生活的过程。不是人们的意识决定人们的存在,相反,是人们的社会存在决定人们的意识。

——马克思《〈政治经济学批判〉序言》

2024 年 4 月

8

农历二月三十

星期一

资产阶级的生产关系是社会生产过程的最后一个对抗形式,这里所说的对抗,不是指个人的对抗,而是指从个人的社会生活条件中生长出来的对抗;但是,在资产阶级社会的胎胞里发展的生产力,同时又创造着解决这种对抗的物质条件。因此,人类社会的史前时期就以这种社会形态而告终。

　　　　　　　　——马克思《〈政治经济学批判〉序言》

2024 年 4 月

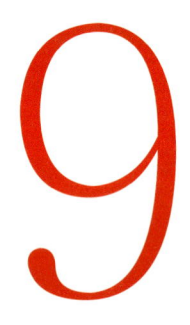

9

农历三月初一

星期二

社会的物质生产力发展到一定阶段，便同它们一直在其中运动的现存生产关系或财产关系（这只是生产关系的法律用语）发生矛盾。于是这些关系便由生产力的发展形式变成生产力的桎梏。那时社会革命的时代就到来了。随着经济基础的变更，全部庞大的上层建筑也或慢或快地发生变革。

——马克思《〈政治经济学批判〉序言》

2024 年 4 月

10

农历三月初二

星期三

我们判断一个人不能以他对自己的看法为根据，同样，我们判断这样一个变革时代也不能以它的意识为根据；相反，这个意识必须从物质生活的矛盾中，从社会生产力和生产关系之间的现存冲突中去解释。

——马克思《〈政治经济学批判〉序言》

2024 年 4 月

11

农历三月初三

星期四

人类始终只提出自己能够解决的任务，因为只要仔细考察就可以发现，任务本身，只有在解决它的物质条件已经存在或者至少是在生成过程中的时候，才会产生。

——马克思《〈政治经济学批判〉序言》

2024 年 4 月

12

农历三月初四

星期五

在科学的入口处，正像在地狱的入口处一样，必须提出这样的要求："这里必须根绝一切犹豫；这里任何怯懦都无济于事。"

——马克思《〈政治经济学批判〉序言》

2024 年 4 月

13

农历三月初五

星期六

经济学研究的不是物,而是人和人之间的关系,归根到底是阶级和阶级之间的关系;可是这些关系总是同物结合着,并且作为物出现。

——恩格斯《卡尔·马克思〈政治经济学批判。第一分册〉》

2024 年 4 月

14

农历三月初六

星期日

时间是人类发展的空间。

——马克思《工资、价格和利润》

2024 年 4 月

15

农历三月初七

星期一

资本和劳动的关系,是我们全部现代社会体系所围绕旋转的轴心。

——恩格斯《卡·马克思〈资本论〉第一卷书评——为〈民主周报〉作》

2024 年 4 月

16

农历三月初八

星期二

万事开头难,每门科学都是如此。

——马克思《〈资本论〉第一版序言》

2024 年 4 月

17

农历三月初九

星期三

在科学上没有平坦的大道,只有不畏劳苦沿着陡峭山路攀登的人,才有希望达到光辉的顶点。

——马克思《〈资本论〉第一卷法文版序言和跋》

2024 年 4 月

18

农历三月初十

星期四

资本是死劳动,它像吸血鬼一样,只有吮吸活劳动才有生命,吮吸的活劳动越多,它的生命就越旺盛。

—— 马克思《资本论》第一卷

2024 年 4 月

19

谷雨

农历三月十一

星期五

对资产阶级社会说来,劳动产品的商品形式,或者商品的价值形式,就是经济的细胞形式。

——马克思《资本论》第一卷

2024 年 4 月

20

农历三月十二

星期六

工业较发达的国家向工业较不发达的国家所显示的，只是后者未来的景象。

——马克思《资本论》第一卷

2024 年 4 月

21

农历三月十三

星期日

一个社会即使探索到了本身运动的自然规律,它还是既不能跳过也不能用法令取消自然的发展阶段。但是它能缩短和减轻分娩的痛苦。

——马克思《资本论》第一卷

党史上的今天

1949年4月21日,毛泽东、朱德发布《向全国进军的命令》,渡江战役就此打响。

2024 年 4 月

22

农历三月十四

星期一

我的观点是把经济的社会形态的发展理解为一种自然史的过程。不管个人在主观上怎样超脱各种关系,他在社会意义上总是这些关系的产物。

——马克思《资本论》第一卷

党史上的今天

1958年4月22日,人民英雄纪念碑在天安门广场建成。

2024 年 4 月

23

农历三月十五

星期二

现在的社会不是坚实的结晶体,而是一个能够变化并且经常处于变化过程中的有机体。

——马克思《资本论》第一卷

2024 年 4 月

24

农历三月十六

星期三

观念的东西不外是移入人的头脑并在人的头脑中改造过的物质的东西而已。

——马克思《资本论》第一卷

党史上的今天

1970年4月24日,中国第一颗人造地球卫星发射成功。

2024 年 4 月

25

农历三月十七

星期四

辩证法在对现存事物的肯定的理解中同时包含对现存事物的否定的理解,即对现存事物的必然灭亡的理解;辩证法对每一种既成的形式都是从不断的运动中,因而也是从它的暂时性方面去理解;辩证法不崇拜任何东西,按其本质来说,它是批判的和革命的。

——马克思《资本论》第一卷

党史上的今天

1956年4月25日,毛泽东在中央政治局扩大会议上作《论十大关系》报告。报告强调要调动国内外一切积极因素,为建设强大的社会主义国家而奋斗。

2024 年 4 月

26

农历三月十八

星期五

只有当生产资料和生活资料的占有者在市场上找到出卖自己劳动力的自由工人的时候,资本才产生;而单是这一历史条件就包含着一部世界史。因此,资本一出现,就标志着社会生产过程的一个新时代。

——马克思《资本论》第一卷

2024 年 4 月

27

农历三月十九

星期六

最蹩脚的建筑师从一开始就比最灵巧的蜜蜂高明的地方,是他在用蜂蜡建筑蜂房以前,已经在自己的头脑中把它建成了。

——马克思《资本论》第一卷

党史上的今天

1957年4月27日,中共中央发出《关于整风运动的指示》,强调必须在全党进行一次普遍、深入的反对官僚主义、宗派主义和主观主义的整风运动。

2024 年 4 月

28

农历三月二十

星期日

动物遗骸的结构对于认识已经绝种的动物的机体有重要的意义,劳动资料的遗骸对于判断已经消亡的经济的社会形态也有同样重要的意义。各种经济时代的区别,不在于生产什么,而在于怎样生产,用什么劳动资料生产。劳动资料不仅是人类劳动力发展的测量器,而且是劳动借以进行的社会关系的指示器。

——马克思《资本论》第一卷

2024 年 4 月

29

农历三月廿一

星期一

劳动过程，是制造使用价值的有目的的活动，是为了人类的需要而对自然物的占有，是人和自然之间的物质变换的一般条件，是人类生活的永恒的自然条件，因此，它不以人类生活的任何形式为转移，倒不如说，它为人类生活的一切社会形式所共有。

——马克思《资本论》第一卷

2024 年 4 月

30

农历三月廿二

星期二

一种历史生产形式的矛盾的发展,是这种形式瓦解和新形式形成的唯一的历史道路。

——马克思《资本论》第一卷

2024
May

5 月

二〇二四年 辰龙

一	二	三	四	五	六	日
		1 劳动节	2 廿四	3 廿五	4 青年节	5 立夏
6 廿八	7 廿九	8 四月	9 初二	10 初三	11 初四	12 母亲节
13 初六	14 初七	15 初八	16 初九	17 初十	18 十一	19 十二
20 小满	21 十四	22 十五	23 十六	24 十七	25 十八	26 十九
27 二十	28 廿一	29 廿二	30 廿三	31 廿四		

2024 年 5 月

1

劳动节

农历三月廿三

星期三

资本主义生产不仅是商品的生产,它实质上是剩余价值的生产。工人不是为自己生产,而是为资本生产。

——马克思《资本论》第一卷

党史上的今天

1950年5月1日,中共中央发出《关于在全党全军开展整风运动的指示》。全党开展以提高干部和一般党员的思想水平和政治水平,克服工作中所犯的错误,克服居功自傲和官僚主义、命令主义,改善党和人民的关系为主要任务的整风运动。

2024 年 5 月

2

农历三月廿四

星期四

资本关系就是在作为一个长期发展过程的产物的经济土壤之上产生的。作为资本关系的基础和起点的现有的劳动生产率,不是自然的恩惠,而是几十万年历史的恩惠。

——马克思《资本论》第一卷

2024 年 5 月

3

农历三月廿五

星期五

暴力是每一个孕育着新社会的旧社会的助产婆。暴力本身就是一种经济力。

——马克思《资本论》第一卷

2024 年 5 月

4

青年节

农历三月廿六

星期六

> 资本来到世间,从头到脚,每个毛孔都滴着血和肮脏的东西。
>
> ——马克思《资本论》第一卷

党史上的今天

1946年5月4日,中共中央作出《关于土地问题的指示》,将全民族抗战时期的减租减息改为"耕者有其田"的政策,各解放区迅速开展土地改革运动。

2024 年 5 月

5

立夏

农历三月廿七

星期日

资本只能理解为运动,而不能理解为静止物。

——马克思《资本论》第二卷

2024 年 5 月

6

农历三月廿八

星期一

资本主义生产不是绝对的生产方式,而只是一种历史的、和物质生产条件的某个有限的发展时期相适应的生产方式。

——马克思《资本论》第三卷

2024 年 5 月

7

农历三月廿九

星期二

资本不是物,而是一定的、社会的、属于一定历史社会形态的生产关系,后者体现在一个物上,并赋予这个物以独特的社会性质。资本不是物质的和生产出来的生产资料的总和。资本是已经转化为资本的生产资料,这种生产资料本身不是资本,就像金或银本身不是货币一样。

——马克思《资本论》第三卷

2024 年 5 月

8

农历四月初一

星期三

在一切社会形式中都有一种一定的生产决定其他一切生产的地位和影响,因而它的关系也决定其他一切关系的地位和影响。这是一种普照的光,它掩盖了一切其他色彩,改变着它们的特点。这是一种特殊的以太,它决定着它里面显露出来的一切存在的比重。

——马克思《政治经济学批判(1857—1858年手稿)》

党史上的今天

1933年5月8日,中国工农红军总司令部成立,朱德任中国工农红军总司令,周恩来任总政治委员。

2024 年 5 月

9

农历四月初二

星期四

资本是生产的,也就是说,是发展社会生产力的重要的关系。只有当资本本身成了这种生产力本身发展的限制时,资本才不再是这样的关系。

——马克思《政治经济学批判(1857—1858年手稿)》

2024 年 5 月

10

农历四月初三

星期五

人的依赖关系(起初完全是自然发生的)，是最初的社会形态，在这种形态下，人的生产能力只是在狭窄的范围内和孤立的地点上发展着。以物的依赖性为基础的人的独立性，是第二大形态，在这种形态下，才形成普遍的社会物质交换，全面的关系，多方面的需求以及全面的能力的体系。建立在个人全面发展和他们共同的社会生产能力成为他们的社会财富这一基础上的自由个性，是第三个阶段。第二个阶段为第三个阶段创造条件。

　　——马克思《政治经济学批判（1857—1858年手稿）》

2024 年 5 月

11

农历四月初四

星期六

资本家对工人的统治,就是物对人的统治,死劳动对活劳动的统治,产品对生产者的统治。

——马克思《政治经济学批判(1863—1865年手稿)》

2024 年 5 月

12

母亲节

农历四月初五

星期日

不顾工人死活地使资本价值增殖,从而创造剩余价值,是推动资本主义生产的灵魂。

——马克思《政治经济学批判(1863—1865年手稿)》

2024 年 5 月

13

农历四月初六

星期一

社会主义自从成为科学以来,就要求人们把它当做科学来对待,就是说,要求人们去研究它。

——恩格斯《〈德国农民战争〉序言》

2024 年 5 月

14

农历四月初七

星期二

革命是历史的火车头。
——马克思《1848年至1850年的法兰西阶级斗争》

2024 年 5 月

15

农历四月初八

星期三

工人阶级不是要实现什么理想,而只是要解放那些由旧的正在崩溃的资产阶级社会本身孕育着的新社会因素。

——马克思《法兰西内战》

2024 年 5 月

16

农历四月初九

星期四

无产阶级在反对有产阶级联合力量的斗争中,只有把自身组织成为与有产阶级建立的一切旧政党不同的、相对立的政党,才能作为一个阶级来行动。

——马克思《国际工人协会共同章程》

2024 年 5 月

17

农历四月初十

星期五

我们要消灭阶级。唯一的手段是无产阶级掌握政治权力。

——恩格斯《关于工人阶级的政治行动》

2024 年 5 月

18

农历四月十一

星期六

革命是政治的最高行动；谁要想革命，谁就要有准备革命和教育工人进行革命的手段，即政治行动，没有政治行动，工人总是在战斗后的第二天就会受到法夫尔和皮阿之流的愚弄。应当从事的政治是工人的政治；工人的政党不应当成为某一个资产阶级政党的尾巴，而应当成为一个独立的政党，它有自己的目的和自己的政治。

——恩格斯《关于工人阶级的政治行动》

2024 年 5 月

19

农历四月十二

星期日

在资本主义社会和共产主义社会之间,有一个从前者变为后者的革命转变时期。同这个时期相适应的也有一个政治上的过渡时期,这个时期的国家只能是无产阶级的革命专政。

——马克思《哥达纲领批判》

党史上的今天

1941年5月19日,毛泽东作《改造我们的学习》的报告。

2024 年 5 月

20

小满

农历四月十三

星期一

一步实际运动比一打纲领更重要。

——马克思《哥达纲领批判》

2024 年 5 月

21

农历四月十四

星期二

为了使社会主义变为科学,就必须首先把它置于现实的基础之上。

——恩格斯《反杜林论》

2024 年 5 月

22

农历四月十五

星期三

原则不是研究的出发点,而是它的最终结果;这些原则不是被应用于自然界和人类历史,而是从它们中抽象出来的;不是自然界和人类去适应原则,而是原则只有在符合自然界和历史的情况下才是正确的。这是对事物的唯一唯物主义的观点。

——恩格斯《反杜林论》

2024 年 5 月

23

农历四月十六

星期四

世界的真正的统一性在于它的物质性。

——恩格斯《反杜林论》

党史上的今天

1951年5月23日,中央人民政府和西藏地方政府在北京签订《关于和平解放西藏办法的协议》,宣告西藏和平解放。

2024 年 5 月

24

农历四月十七

星期五

运动是物质的存在方式。无论何时何地,都没有也不可能有没有运动的物质。

——恩格斯《反杜林论》

2024 年 5 月

25

农历四月十八

星期六

一切以往的道德论归根到底都是当时的社会经济状况的产物。

——恩格斯《反杜林论》

2024 年 5 月

26

农历四月十九

星期日

自由不在于幻想中摆脱自然规律而独立,而在于认识这些规律,从而能够有计划地使自然规律为一定的目的服务。

——恩格斯《反杜林论》

2024 年 5 月

27

农历四月二十

星期一

文化上的每一个进步,都是迈向自由的一步。

——恩格斯《反杜林论》

2024 年 5 月

28

农历四月廿一

星期二

一切社会变迁和政治变革的终极原因,不应当到人们的头脑中,到人们对永恒的真理和正义的日益增进的认识中去寻找,而应当到生产方式和交换方式的变更中去寻找;不应当到有关时代的哲学中去寻找,而应当到有关时代的经济中去寻找。

——恩格斯《反杜林论》

2024 年 5 月

29

农历四月廿二

星期三

唯物主义历史观从下述原理出发：生产以及随生产而来的产品交换是一切社会制度的基础；在每个历史地出现的社会中，产品分配以及和它相伴随的社会之划分为阶级或等级，是由生产什么、怎样生产以及怎样交换产品来决定的。

——恩格斯《社会主义从空想到科学的发展》

2024 年 5 月

30

农历四月廿三

星期四

一切重要历史事件的终极原因和伟大动力是社会的经济发展,是生产方式和交换方式的改变,是由此产生的社会之划分为不同的阶级,是这些阶级彼此之间的斗争。

——恩格斯《社会主义从空想到科学的发展》

党史上的今天

1925年5月30日,中国共产党领导的反对帝国主义暴行的五卅运动在上海爆发,并迅速席卷全国。

2024 年 5 月

31

农历四月廿四

星期五

辩证法在考察事物及其在观念上的反映时，本质上是从它们的联系、它们的联结、它们的运动、它们的产生和消逝方面去考察的。自然界是检验辩证法的试金石。

——恩格斯《社会主义从空想到科学的发展》

2024

June

6月

二〇二四年　辰龙

一	二	三	四	五	六	日
					1 儿童节	2 廿六
3 廿七	4 廿八	5 芒种	6 五月	7 初二	8 初三	9 初四
10 端午节	11 初六	12 初七	13 初八	14 初九	15 初十	16 父亲节
17 十二	18 十三	19 十四	20 十五	21 夏至	22 十七	23 十八
24 十九	25 二十	26 廿一	27 廿二	28 廿三	29 廿四	30 廿五

2024 年 6 月

1

儿童节

农历四月廿五

星期六

以往的全部历史，除原始状态外，都是阶级斗争的历史；这些互相斗争的社会阶级在任何时候都是生产关系和交换关系的产物，一句话，都是自己时代的经济关系的产物；因而每一时代的社会经济结构形成现实基础，每一个历史时期的由法的设施和政治设施以及宗教的、哲学的和其他的观念形式所构成的全部上层建筑，归根到底都应由这个基础来说明。

——恩格斯《社会主义从空想到科学的发展》

2024 年 6 月

2

农历四月廿六

星期日

社会力量完全像自然力一样，在我们还没有认识和考虑到它们的时候，起着盲目的、强制的和破坏的作用。但是，一旦我们认识了它们，理解了它们的活动、方向和作用，那么，要使它们越来越服从我们的意志并利用它们来达到我们的目的，就完全取决于我们了。

——恩格斯《社会主义从空想到科学的发展》

2024 年 6 月

3

农历四月廿七

星期一

每一个时代的理论思维,包括我们这个时代的理论思维,都是一种历史的产物,它在不同的时代具有完全不同的形式,同时具有完全不同的内容。

——恩格斯《自然辩证法》

2024 年 6 月

4

农历四月廿八

星期二

一个民族要想站在科学的最高峰,就一刻也不能没有理论思维。

——恩格斯《自然辩证法》

2024 年 6 月

5

芒种

农历四月廿九

星期三

我们只能在我们时代的条件下去认识,而且这些条件达到什么程度,我们就认识到什么程度。

——恩格斯《自然辩证法》

2024 年 6 月

6

农历五月初一

星期四

劳动是整个人类生活的第一个基本条件，而且达到这样的程度，以致我们在某种意义上不得不说：劳动创造了人本身。

——恩格斯《*自然辩证法*》

2024 年 6 月

7

农历五月初二

星期五

我们不要过分陶醉于我们人类对自然界的胜利。对于每一次这样的胜利,自然界都对我们进行报复。

——恩格斯《*自然辩证法*》

2024 年 6 月

8

农历五月初三

星期六

正像达尔文发现有机界的发展规律一样,马克思发现了人类历史的发展规律,即历来为繁芜丛杂的意识形态所掩盖着的一个简单事实:人们首先必须吃、喝、住、穿,然后才能从事政治、科学、艺术、宗教等等;所以,直接的物质的生活资料的生产,从而一个民族或一个时代的一定的经济发展阶段,便构成基础,人们的国家设施、法的观点、艺术以至宗教观念,就是从这个基础上发展起来的,因而,也必须由这个基础来解释,而不是像过去那样做得相反。

——恩格斯《在马克思墓前的讲话》

2024 年 6 月

9

农历五月初四

星期日

迄今的一切革命，都是为了保护一种所有制而反对另一种所有制的革命。

——恩格斯《家庭、私有制和国家的起源》

2024 年 6 月

10

端午节

农历五月初五

星期一

文明国家的一个最微不足道的警察,都拥有比氏族社会的全部机构加在一起还要大的"权威";但是文明时代最有势力的王公和最伟大的国家要人或统帅,也可能要羡慕最平凡的氏族酋长所享有的,不是用强迫手段获得的,无可争辩的尊敬。后者是站在社会之中,而前者却不得不企图成为一种处于社会之外和社会之上的东西。

——恩格斯《家庭、私有制和国家的起源》

2024 年 6 月

11

农历五月初六

星期二

决不是国家制约和决定市民社会,而是市民社会制约和决定国家,因而应该从经济关系及其发展中来解释政治及其历史,而不是相反。

——恩格斯《关于共产主义者同盟的历史》

2024 年 6 月

12

农历五月初七

星期三

凡在人类历史领域中是现实的，随着时间的推移，都会成为不合理性的，就是说，注定是不合理性的，一开始就包含着不合理性；凡在人们头脑中是合乎理性的，都注定要成为现实的，不管它同现存的、表面的现实多么矛盾。

——恩格斯《路德维希·费尔巴哈和德国古典哲学的终结》

2024 年 6 月

13

农历五月初八

星期四

一切依次更替的历史状态都只是人类社会由低级到高级的无穷发展进程中的暂时阶段。

——恩格斯《路德维希·费尔巴哈和德国古典哲学的终结》

2024 年 6 月

14

农历五月初九

星期五

全部哲学,特别是近代哲学的重大的基本问题,是思维和存在的关系问题。

——恩格斯《路德维希·费尔巴哈和德国古典哲学的终结》

2024 年 6 月

15

农历五月初十

星期六

> 自然界中的一切运动都可以归结为一种形式向另一种形式不断转化的过程。
>
> ——恩格斯《路德维希·费尔巴哈和德国古典哲学的终结》

党史上的今天

1953年6月15日,中共中央政治局召开会议。会议确定对资本主义工商业实行利用、限制和改造的方针。毛泽东在会上第一次比较完整地阐述了党在过渡时期总路线和总任务的基本内容。

2024 年 6 月

16

父亲节

农历五月十一

星期日

在社会历史领域内进行活动的,是具有意识的、经过思虑或凭激情行动的、追求某种目的的人;任何事情的发生都不是没有自觉的意图,没有预期的目的的。

——恩格斯《路德维希·费尔巴哈和德国古典哲学的终结》

2024 年 6 月

17

农历五月十二

星期一

历史进程是受内在的一般规律支配的。
——恩格斯《路德维希·费尔巴哈和德国古典哲学的终结》

党史上的今天

1967年6月17日,中国第一颗氢弹空爆实验成功。

2024 年 6 月

18

农历五月十三

星期二

无论历史的结局如何，人们总是通过每一个人追求他自己的、自觉预期的目的来创造他们的历史，而这许多按不同方向活动的愿望及其对外部世界的各种各样作用的合力，就是历史。

　　——恩格斯《路德维希·费尔巴哈和德国古典哲学的终结》

2024 年 6 月

19

农历五月十四

星期三

在现代历史中至少已经证明，一切政治斗争都是阶级斗争，而一切争取解放的阶级斗争，尽管它必然地具有政治的形式（因为一切阶级斗争都是政治斗争），归根到底都是围绕着经济解放进行的。

——恩格斯《路德维希·费尔巴哈和德国古典哲学的终结》

党史上的今天

1945年6月19日，中共七届一中全会选举毛泽东、朱德、刘少奇、周恩来、任弼时为中央书记处书记，毛泽东为中央委员会主席、中央政治局主席、中央书记处主席。

2024 年 6 月

20

农历五月十五

星期四

工人阶级的解放只能是工人阶级本身的事业。
——恩格斯《1891年社会民主党纲领草案批判》

2024 年 6 月

21

夏至

农历五月十六

星期五

较低的经济发展阶段解决只有高得多的发展阶段才产生了的和才能产生的问题和冲突,这在历史上是不可能的。

——恩格斯《〈论俄国的社会问题〉跋》

2024 年 6 月

22

农历五月十七

星期六

社会——不管其形式如何——是什么呢？是人们交互活动的产物。

——马克思《致帕维尔·瓦西里耶维奇·安年科夫》

2024 年 6 月

23

农历五月十八

星期日

在人们的生产力发展的一定状况下，就会有一定的交换和消费形式。在生产、交换和消费发展的一定阶段上，就会有相应的社会制度形式、相应的家庭、等级或阶级组织，一句话，就会有相应的市民社会。有一定的市民社会，就会有不过是市民社会的正式表现的相应的政治国家。

——马克思《致帕维尔·瓦西里耶维奇·安年科夫》

2024 年 6 月

24

农历五月十九

星期一

后来的每一代人都得到前一代人已经取得的生产力并当做原料来为自己新的生产服务，由于这一简单的事实，就形成人们的历史中的联系，就形成人类的历史，这个历史随着人们的生产力以及人们的社会关系的愈益发展而愈益成为人类的历史。

——马克思《致帕维尔·瓦西里耶维奇·安年科夫》

2024 年 6 月

25

农历五月二十

星期二

为了不致丧失已经取得的成果，为了不致失掉文明的果实，人们在他们的交往方式不再适合于既得的生产力时，就不得不改变他们继承下来的一切社会形式。

——马克思《致帕维尔·瓦西里耶维奇·安年科夫》

2024 年 6 月

26

农历五月廿一

星期三

人们借以进行生产、消费和交换的经济形式是暂时的和历史性的形式。随着新的生产力的获得,人们便改变自己的生产方式,而随着生产方式的改变,他们便改变所有不过是这一特定生产方式的必然关系的经济关系。

——马克思《致帕维尔·瓦西里耶维奇·安年科夫》

2024 年 6 月

27

农历五月廿二

星期四

人们在发展其生产力时,即在生活时,也发展着一定的相互关系;这些关系的形式必然随着这些生产力的改变和发展而改变。

——马克思《致帕维尔·瓦西里耶维奇·安年科夫》

2024 年 6 月

28

农历五月廿三

星期五

范畴也和它们所表现的关系一样不是永恒的。它们是历史的和暂时的产物。

——马克思《致帕维尔·瓦西里耶维奇·安年科夫》

2024 年 6 月

29

农历五月廿四

星期六

一个不了解社会现状的人,更不会了解力求推翻这种社会现状的运动和这个革命运动在文献上的表现。

——马克思《致帕维尔·瓦西里耶维奇·安年科夫》

2024 年 6 月

30

农历五月廿五

星期日

阶级的存在仅仅同生产发展的一定历史阶段相联系；阶级斗争必然导致无产阶级专政；这个专政不过是达到消灭一切阶级和进入无阶级社会的过渡。

——马克思《致约瑟夫·魏德迈》

党史上的今天

　　1949年6月30日，毛泽东发表《论人民民主专政》一文，公开阐明中国共产党在成立新中国问题上的主张，指出人民民主专政需要工人阶级的领导。

2024
July

7
月

二〇二四年 辰龙

一	二	三	四	五	六	日
1 建党节	2 廿七	3 廿八	4 廿九	5 三十	6 小暑	7 初二
8 初三	9 初四	10 初五	11 初六	12 初七	13 初八	14 初九
15 初十	16 十一	17 十二	18 十三	19 十四	20 十五	21 十六
22 大暑	23 十八	24 十九	25 二十	26 廿一	27 廿二	28 廿三
29 廿四	30 廿五	31 廿六				

2024 年 7 月

1

建党节

农历五月廿六

星期一

资产阶级社会的症结正是在于,对生产自始就不存在有意识的社会调节。合理的东西和自然必需的东西都只是作为盲目起作用的平均数而实现。

——马克思《致路德维希·库格曼》

党史上的今天

1952年7月1日,成渝铁路建成通车。这是新中国成立后完全采用国产材料自行修建的第一条铁路干线。

2024 年 7 月

2

农历五月廿七

星期二

过时的东西总是力图在新生的形式中得到恢复和巩固。

——马克思《致弗里德里希·波尔特》

2024 年 7 月

3

农历五月廿八

星期三

无产阶级为了夺取政权也需要民主的形式,然而对于无产阶级来说,这种形式和一切政治形式一样,只是一种手段。

——恩格斯《致爱德华·伯恩施坦》

2024 年 7 月

4

农历五月廿九

星期四

马克思的历史理论是任何坚定不移和始终一贯的革命策略的基本条件;为了找到这种策略,需要的只是把这一理论应用于本国的经济条件和政治条件。

——恩格斯《致维拉·伊万诺夫娜·查苏利奇》

2024 年 7 月

5

农历五月三十

星期五

我们的理论是发展着的理论,而不是必须背得烂熟并机械地加以重复的教条。

——恩格斯《致弗洛伦斯·凯利—威士涅威茨基》

2024 年 7 月

6

小暑

农历六月初一

星期六

无产阶级要在决定关头强大到足以取得胜利,就必须组成一个不同于其他所有政党并与它们对立的特殊政党,一个自觉的阶级政党。

——恩格斯《致格尔松·特里尔》

2024 年 7 月

7

农历六月初二

星期日

> 如果不把唯物主义方法当做研究历史的指南,而把它当做现成的公式,按照它来剪裁各种历史事实,那它就会转变为自己的对立物。
>
> ——恩格斯《致保尔·恩斯特》

党史上的今天

1937年7月7日,日本侵略军发动卢沟桥事变(七七事变)。

2024 年 7 月

8

农历六月初三

星期一

所谓"社会主义社会"不是一种一成不变的东西，而应当和任何其他社会制度一样，把它看成是经常变化和改革的社会。它同现存制度的具有决定意义的差别当然在于，在实行全部生产资料公有制（先是国家的）基础上组织生产。

——恩格斯《致奥托·冯·伯尼克》

2024 年 7 月

9

农历六月初四

星期二

经济状况是基础,但是对历史斗争的进程发生影响并且在许多情况下主要是决定着这一斗争的形式的,还有上层建筑的各种因素:阶级斗争的各种政治形式及其成果——由胜利了的阶级在获胜以后确立的宪法等等,各种法的形式以及所有这些实际斗争在参加者头脑中的反映,政治的、法律的和哲学的理论,宗教的观点以及它们向教义体系的进一步发展。

——恩格斯《致约瑟夫·布洛赫》

2024 年 7 月

10

农历六月初五

星期三

历史是这样创造的：最终的结果总是从许多单个的意志的相互冲突中产生出来的，而其中每一个意志，又是由于许多特殊的生活条件，才成为它所成为的那样。这样就有无数互相交错的力量，有无数个力的平行四边形，由此就产生出一个合力，即历史结果，而这个结果又可以看做一个作为整体的、不自觉地和不自主地起着作用的力量的产物。因为任何一个人的愿望都会受到任何另一个人的妨碍，而最后出现的结果就是谁都没有希望过的事物。

——恩格斯《致约瑟夫·布洛赫》

2024 年 7 月

11

农历六月初六

星期四

经济上落后的国家在哲学上仍然能够演奏第一小提琴。

——恩格斯《致康拉德·施米特》

2024 年 7 月

12

农历六月初七

星期五

我们的历史观首先是进行研究工作的指南,并不是按照黑格尔学派的方式构造体系的诀窍。必须重新研究全部历史,必须详细研究各种社会形态存在的条件,然后设法从这些条件中找出相应的政治、私法、美学、哲学、宗教等等的观点。

——恩格斯《致康拉德·施米特》

2024 年 7 月

13

农历六月初八

星期六

历史的批判是不能永远保持毕恭毕敬的姿态的。

——恩格斯《致卡尔·考茨基》

2024 年 7 月

14

农历六月初九

星期日

历史上确实没有一件事实不是通过这种或那种途径为人类进步事业服务的,但这毕竟是漫长而曲折的道路。

——恩格斯《致尼古拉·弗兰策维奇·丹尼尔逊》

2024 年 7 月

15

农历六月初十

星期一

社会一旦有技术上的需要，这种需要就会比十所大学更能把科学推向前进。

——恩格斯《致瓦尔特·博尔吉乌斯》

2024 年 7 月

16

农历六月十一

星期二

政治、法、哲学、宗教、文学、艺术等等的发展是以经济发展为基础的。但是，它们又都互相作用并对经济基础发生作用。这并不是说，只有经济状况才是原因，才是积极的，其余一切都不过是消极的结果，而是说，这是在归根到底不断为自己开辟道路的经济必然性的基础上的相互作用。

——恩格斯《致瓦尔特·博尔吉乌斯》

2024 年 7 月

17

农历六月十二

星期三

并不像人们有时不加思考地想象的那样是经济状况自动发生作用，而是人们自己创造自己的历史，但他们是在既定的、制约着他们的环境中，是在现有的现实关系的基础上进行创造的，在这些现实关系中，经济关系不管受到其他关系——政治的和意识形态的——多大影响，归根到底还是具有决定意义的，它构成一条贯穿始终的、唯一有助于理解的红线。

——恩格斯《致瓦尔特·博尔吉乌斯》

2024 年 7 月

18

农历六月十三

星期四

马克思的整个世界观不是教义,而是方法。它提供的不是现成的教条,而是进一步研究的出发点和供这种研究使用的方法。

——恩格斯《致韦尔纳·桑巴特》

2024 年 7 月

19

农历六月十四

星期五

一切历史上的斗争,无论是在政治、宗教、哲学的领域中进行的,还是在其他意识形态领域中进行的,实际上只是或多或少明显地表现了各社会阶级的斗争,而这些阶级的存在以及它们之间的冲突,又为它们的经济状况的发展程度、它们的生产的性质和方式以及由生产所决定的交换的性质和方式所制约。

——恩格斯《〈路易·波拿巴的雾月十八日〉第三版序言》

2024 年 7 月

20

农历六月十五

星期六

人们自己创造自己的历史,但是他们并不是随心所欲地创造,并不是在他们自己选定的条件下创造,而是在直接碰到的、既定的、从过去承继下来的条件下创造。一切已死的先辈们的传统,像梦魇一样纠缠着活人的头脑。

——马克思《路易·波拿巴的雾月十八日》

2024 年 7 月

21

农历六月十六

星期日

劳动的解放既不是一个地方的问题，也不是一个民族的问题，而是涉及存在有现代社会的一切国家的社会问题，它的解决有赖于最先进各国在实践上和理论上的合作。

——马克思《国际工人协会的共同章程和组织条例》

2024 年 7 月

22

大暑

农历六月十七

星期一

劳动者在经济上受劳动资料即生活源泉的垄断者的支配，是一切形式的奴役即一切社会贫困、精神屈辱和政治依附的基础。

——马克思《国际工人协会的共同章程和组织条例》

2024 年 7 月

23

农历六月十八

星期二

> 工人阶级的解放应该由工人阶级自己去争取。
> ——马克思《国际工人协会的共同章程和组织条例》

党史上的今天

1921年7月23日,中国共产党第一次全国代表大会在上海法租界望志路106号(今兴业路76号)开幕。最后一天的会议转移到浙江嘉兴南湖的游船上举行。党的一大宣告中国共产党正式成立。

2024 年 7 月

24

农历六月十九

星期三

自由是可以做和可以从事任何不损害他人的事情的权利。

——马克思《论犹太人问题》

2024 年 7 月

25

农历六月二十

星期四

任何解放都是使人的世界即各种关系回归于人自身。

——马克思《论犹太人问题》

2024 年 7 月

26

农历六月廿一

星期五

没有革命的理论,就不会有革命的运动。
——列宁《俄国社会民主党人的任务》

2024 年 7 月

27

农历六月廿二

星期六

资本主义如果不经常扩大其统治范围,如果不开发新的地方并把非资本主义的古老国家卷入世界经济的漩涡,它就不能存在与发展。

——列宁《俄国资本主义的发展》

2024 年 7 月

28

农历六月廿三

星期日

只有不可救药的书呆子,才会单靠引证马克思关于另一历史时代的某一论述,来解决当前发生的独特而复杂的问题。

——列宁《俄国资本主义的发展》

2024 年 7 月

29

农历六月廿四

星期一

我们完全以马克思的理论为依据,因为它第一次把社会主义从空想变成科学,给这个科学奠定了巩固的基础,指出了继续发展和详细研究这个科学所应遵循的道路。

——列宁《我们的纲领》

2024 年 7 月

30

农历六月廿五

星期二

没有革命理论,就不会有坚强的社会党。

———列宁《我们的纲领》

2024 年 7 月

31

农历六月廿六

星期三

我们决不把马克思的理论看作某种一成不变的和神圣不可侵犯的东西；恰恰相反，我们深信：它只是给一种科学奠定了基础，社会党人如果不愿落后于实际生活，就应当在各方面把这门科学推向前进。

——列宁《我们的纲领》

2024
August

8月

二○二四年　辰龙

一	二	三	四	五	六	日
			1 建军节	2 廿八	3 廿九	4 七月
5 初二	6 初三	7 立秋	8 初五	9 初六	10 七夕	11 初八
12 初九	13 初十	14 十一	15 十二	16 十三	17 十四	18 中元节
19 十六	20 十七	21 十八	22 处暑	23 二十	24 廿一	25 廿二
26 廿三	27 廿四	28 廿五	29 廿六	30 廿七	31 廿八	

2024 年 8 月

1

建军节

农历六月廿七

星期四

> 马克思的理论提供的只是总的指导原理，而这些原理的应用具体地说，在英国不同于法国，在法国不同于德国，在德国又不同于俄国。
>
> ——列宁《我们的纲领》

党史上的今天

1935年8月1日，中共驻共产国际代表团草拟《中国苏维埃政府、中国共产党中央为抗日救国告全体同胞书》(《八一宣言》)。宣言主张停止内战，组织国防政府和抗日联军，对日作战。

2024 年 8 月

2

农历六月廿八

星期五

自由是个伟大的字眼,但正是在工业自由的旗帜下进行过最具有掠夺性的战争,在劳动自由的旗帜下掠夺过劳动者。

——列宁《怎么办?》

2024 年 8 月

3

农历六月廿九

星期六

只有以先进理论为指南的党,才能实现先进战士的作用。

——列宁《怎么办?》

2024 年 8 月

4

农历七月初一

星期日

原则上承认一切斗争手段、一切计划和方法（只要它们是适当的）是一回事，要求在一定的政治局势下遵循一个坚持不懈地执行的计划（如果想谈策略的话）是另一回事；把这两者混为一谈，那就等于把医学上承认各种疗法同要求在医治某种病症时采用一定的疗法混为一谈。

——列宁《怎么办？》

党史上的今天

1926年8月4日，中共中央发出关于坚决清洗贪污腐化分子的通告。这是党的历史上第一个惩治贪污腐败的文件。

2024 年 8 月

5

农历七月初二

星期一

阶级政治意识只能从外面灌输给工人,即只能从经济斗争外面,从工人同厂主的关系范围外面灌输给工人。

——列宁《怎么办?》

2024 年 8 月

6

农历七月初三

星期二

无产阶级在争取政权的斗争中,除了组织,没有别的武器。

——列宁《进一步,退两步》

党史上的今天

1946年8月6日,毛泽东提出"一切反动派都是纸老虎"的著名论断。

2024 年 8 月

7

立秋

农历七月初四

星期三

> 沿着马克思的理论的道路前进,我们将愈来愈接近客观真理(但决不会穷尽它);而沿着任何其他的道路前进,除了混乱和谬误之外,我们什么也得不到。
>
> ——列宁《唯物主义和经验批判主义》

党史上的今天

1927年8月7日,中共中央在湖北汉口召开紧急会议(八七会议),确定了土地革命和武装反抗国民党反动派的总方针。这是由大革命失败到土地革命战争兴起的历史性转变。

2024 年 8 月

8

农历七月初五

星期四

只是当马克思的科学社会主义把改变现状的渴望同一定阶级的斗争联系起来的时候,社会主义的愿望才变成了千百万人争取社会主义的斗争。离开阶级斗争,社会主义就是空话或者幼稚的幻想。

——列宁《小资产阶级社会主义和无产阶级社会主义》

2024 年 8 月

9

农历七月初六

星期五

保持无产阶级政党在思想上和政治上的独立性，是社会主义者的始终不渝和绝对必须履行的义务。谁不履行这个义务，谁就实际上不再是社会主义者，不管他的"社会主义"（口头上的社会主义）信仰是多么真诚。

　　　　　　——列宁《社会主义政党和非党的革命性》

党史上的今天

　　1945年8月9日，毛泽东发表《对日寇的最后一战》的声明。中国抗日战争进入全面反攻阶段。

2024 年 8 月

10

七夕

农历七月初七

星期六

如果我们看到的是一位真正伟大的艺术家,那么他在自己的作品中至少会反映出革命的某些本质的方面。

——列宁《列夫·托尔斯泰是俄国革命的镜子》

2024 年 8 月

11

农历七月初八

星期日

马克思的全部天才正是在于他回答了人类先进思想已经提出的种种问题。他的学说的产生正是哲学、政治经济学和社会主义极伟大的代表人物的学说的直接继续。

——列宁《马克思主义的三个来源和三个组成部分》

党史上的今天

1921年8月11日,中国劳动组合书记部在上海成立。这是中国共产党领导工人运动的第一个公开机构。

2024 年 8 月

12

农历七月初九

星期一

剩余价值学说是马克思经济理论的基石。

——列宁《马克思主义的三个来源和三个组成部分》

2024 年 8 月

13

农历七月初十

星期二

马克思的哲学是完备的哲学唯物主义,它把伟大的认识工具给了人类,特别是给了工人阶级。

——列宁《马克思主义的三个来源和三个组成部分》

2024 年 8 月

14

农历七月十一

星期三

只有马克思的哲学唯物主义，才给无产阶级指明了如何摆脱一切被压迫阶级至今深受其害的精神奴役的出路。只有马克思的经济理论，才阐明了无产阶级在整个资本主义制度中的真正地位。

——列宁《马克思主义的三个来源和三个组成部分》

2024 年 8 月

15

农历七月十二

星期四

亚洲的觉醒和欧洲先进无产阶级夺取政权斗争的开始,标志着20世纪初所开创的全世界历史的一个新阶段。

——列宁《亚洲的觉醒》

党史上的今天

1945年8月15日,日本裕仁天皇发布《终战诏书》,日本无条件投降。

2024 年 8 月

16

农历七月十三

星期五

马克思的辩证法要求对每一特殊的历史情况进行具体的分析。

——列宁《论尤尼乌斯的小册子》

2024 年 8 月

17

农历七月十四

星期六

帝国主义是资本主义的特殊历史阶段。这个特点分三个方面:(1)帝国主义是垄断的资本主义;(2)帝国主义是寄生的或腐朽的资本主义;(3)帝国主义是垂死的资本主义。垄断代替自由竞争,是帝国主义的根本经济特征,是帝国主义的实质。

——列宁《帝国主义和社会主义运动中的分裂》

2024 年 8 月

18

中元节

农历七月十五

星期日

社会主义不能在所有国家内同时获得胜利。它将首先在一个或者几个国家内获得胜利,而其余的国家在一段时间内将仍然是资产阶级的或资产阶级以前的国家。

——列宁《无产阶级革命的军事纲领》

2024 年 8 月

19

农历七月十六

星期一

没有民主,就不可能有社会主义。

——列宁《论面目全非的马克思主义和"帝国主义经济主义"》

2024 年 8 月

20

农历七月十七

星期二

马克思主义的全部精神,它的整个体系,要求人们对每一个原理都要历史地,都要同其他原理联系起来,都要同具体的历史经验联系起来加以考察。

——列宁《致伊·费·阿尔曼德(节选)》

2024 年 8 月

21

农历七月十八

星期三

从来没有一个马克思主义者认为马克思的理论是一种必须普遍遵守的历史哲学公式,是一种超出了对某种社会经济形态的说明的东西。

——列宁《什么是"人民之友"以及他们如何攻击社会民主党人?》

2024 年 8 月

22

处暑

农历七月十九

星期四

我们不否认一般的原则,但是我们要求对具体运用这些一般原则的条件进行具体的分析。抽象的真理是没有的,真理总是具体的。

——列宁《立宪民主党人的胜利和工人政党的任务》

2024 年 8 月

23

农历七月二十

星期五

无产阶级应该努力建立独立的工人政党,党的主要目的应该是由无产阶级夺取政权来组织社会主义社会。

　　　　　　　——列宁《俄国社会民主党人抗议书》

党史上的今天

　　1930年8月23日,红军第一方面军成立,朱德任总司令,毛泽东任总前委书记兼总政治委员。

2024 年 8 月

24

农历七月廿一

星期六

马克思主义的精髓,马克思主义的活的灵魂:对具体情况作具体分析。

——列宁《共产主义》

2024 年 8 月

25

农历七月廿二

星期日

我们不需要死记硬背，但是我们需要用对基本事实的了解来发展和增进每个学习者的思考力，因为不把学到的全部知识融会贯通，共产主义就会变成空中楼阁，就会成为一块空招牌，共产主义者也只会是一些吹牛家。

——列宁《青年团的任务》

党史上的今天

　　1937年8月25日，中共中央革命军事委员会发布命令，宣布红军改名为国民革命军第八路军（简称八路军）。

2024 年 8 月

26

农历七月廿三

星期一

马克思主义者必须考虑生动的实际生活，必须考虑现实的确切事实，而不应当抱住昨天的理论不放，因为这种理论和任何理论一样，至多只能指出基本的、一般的东西，只能大体上概括实际生活中的复杂情况。

——列宁《论策略书》

2024 年 8 月

27

农历七月廿四

星期二

即使在最主的资产阶级共和国里,人民仍然摆脱不了当雇佣奴隶的命运。

——列宁《国家与革命》

2024 年 8 月

28

农历七月廿五

星期三

把马克思主义局限于阶级斗争学说,就是阉割马克思主义,歪曲马克思主义,把马克思主义变为资产阶级可以接受的东西。只有承认阶级斗争、同时也承认无产阶级专政的人,才是马克思主义者。

——列宁《国家与革命》

2024 年 8 月

29

农历七月廿六

星期四

每隔几年决定一次究竟由统治阶级中的什么人在议会里镇压人民、压迫人民,——这就是资产阶级议会制的真正本质,不仅在议会制的立宪君主国内是这样,而且在最民主的共和国内也是这样。

——列宁《国家与革命》

2024 年 8 月

30

农历七月廿七

星期五

马克思丝毫不想制造乌托邦,不想凭空猜测无法知道的事情。马克思提出共产主义的问题,正像一个自然科学家已经知道某一新的生物变种是怎样产生以及朝着哪个方向演变才提出该生物变种的发展问题一样。

——列宁《国家与革命》

2024 年 8 月

31

农历七月廿八

星期六

资本主义社会里的民主是一种残缺不全的、贫乏的和虚伪的民主，是只供富人、只供少数人享受的民主。无产阶级专政，共产主义过渡的时期，将第一次提供人民享受的、大多数人享受的民主，同时对少数人即剥削者实行必要的镇压。只有共产主义才能提供真正完全的民主，而民主愈完全，它也就愈迅速地成为不需要的东西，愈迅速地自行消亡。

——列宁《国家与革命》

2024
September

9
月

二〇二四年 辰龙

一	二	三	四	五	六	日
						1 廿九
2 三十	3 八月	4 初二	5 初三	6 初四	7 白露	8 初六
9 初七	10 教师节	11 初九	12 初十	13 十一	14 十二	15 十三
16 十四	17 中秋节	18 十六	19 十七	20 十八	21 十九	22 秋分
23 廿一	24 廿二	25 廿三	26 廿四	27 廿五	28 廿六	29 廿七
30 廿八						

2024 年 9 月

1

农历七月廿九

星期日

帝国主义战争是社会主义革命的前夜。这不仅因为战争带来的灾难促成了无产阶级的起义（如果社会主义在经济上尚未成熟，任何起义也创造不出社会主义来），而且因为国家垄断资本主义是社会主义的最充分的物质准备，是社会主义的前阶，是历史阶梯上的一级，在这一级和叫作社会主义的那一级之间，没有任何中间级。

——列宁《大难临头，出路何在？》

2024 年 9 月

2

农历七月三十

星期一

现在一切都在于实践,现在已经到了这样一个历史关头:理论在变为实践,理论由实践赋予活力,由实践来修正,由实践来检验。

——列宁《怎样组织竞赛?》

党史上的今天

1945年9月2日,日本代表在投降书上签字。至此,中国抗日战争胜利结束,世界反法西斯战争也胜利结束。

2024 年 9 月

3

农历八月初一

星期二

理论是灰色的,而生活之树是常青的。

——列宁《怎样组织竞赛?》

2024 年 9 月

4

农历八月初二

星期三

社会主义能否实现,就取决于我们把苏维埃政权和苏维埃管理组织同资本主义最新的进步的东西结合得好坏。

——列宁《苏维埃政权的当前任务》

2024 年 9 月

5

农历八月初三

星期四

一个新的阶级作为社会的领袖和指导者走上历史舞台时,从来没有不经过极大的"颠簸"、震撼、斗争和风暴时期的,这是一方面;而另一方面,在选择适合新的客观环境的新方法上,也从来没有不经过无把握的步骤、试验、动摇和犹豫时期的。

——列宁《苏维埃政权的当前任务》

2024 年 9 月

6

农历八月初四

星期五

专政就是铁的政权,是有革命勇气的和果敢的政权,是无论对剥削者或流氓都实行无情镇压的政权。

——列宁《苏维埃政权的当前任务》

2024 年 9 月

7

白露

农历八月初五

星期六

只有毫不动摇地走自己的路,在最困难、最艰苦、最危险的转变时刻也不灰心失望的阶级,才能领导被剥削劳动群众。

——列宁《苏维埃政权的当前任务》

2024 年 9 月

8

农历八月初六

星期日

我们不需要狂热。我们需要的是无产阶级铁军的匀整的步伐。

——列宁《苏维埃政权的当前任务》

2024 年 9 月

9

农历八月初七

星期一

只有那些懂得不向托拉斯的组织者学习就不能建立或实施社会主义的人,才配称为共产主义者。因为社会主义并不是臆想出来的,而是要靠夺得政权的无产阶级先锋队去掌握和运用托拉斯所造成的东西。

——列宁《论"左派"幼稚性和小资产阶级性》

党史上的今天

1927年9月9日,以毛泽东为书记的中共湖南省委前敌委员会,领导工农革命军第一师发动湘赣边界秋收起义。

2024 年 9 月

10

教师节

农历八月初八

星期二

少来一些政治空谈。少发一些书生的议论。多深入生活。多注意工农群众怎样在日常工作中实际地创造新事物。

——列宁《论我们报纸的性质》

2024 年 9 月

11

农历八月初九

星期三

资产阶级民主同中世纪制度比较起来，在历史上是一大进步，但它始终是而且在资本主义制度下不能不是狭隘的、残缺不全的、虚伪的、骗人的民主，对富人是天堂，对被剥削者、对穷人是陷阱和骗局。

　　　　　　——列宁《无产阶级革命和叛徒考茨基》

2024 年 9 月

12

农历八月初十

星期四

在一个阶级剥削另一个阶级的一切可能性没有完全消灭以前,决不可能有真正的事实上的平等。

——列宁《无产阶级革命和叛徒考茨基》

2024 年 9 月

13

农历八月十一

星期五

在资本主义和共产主义之间有一个过渡时期,这在理论上是毫无疑义的。这个过渡时期不能不兼有这两种社会经济结构的特点或特性。这个过渡时期不能不是衰亡着的资本主义与生长着的共产主义彼此斗争的时期。

——列宁《无产阶级专政时代的经济和政治》

党史上的今天

1922年9月13日,中共中央机关报《向导》周报创刊。

2024 年 9 月

14

农历八月十二

星期六

在无产阶级专政下,农民才第一次为自己劳动,而且比城市居民吃得好些。农民第一次看到了真正的自由,即享用自己粮食的自由,不挨饿的自由。

——列宁《无产阶级专政时代的经济和政治》

2024 年 9 月

15

农历八月十三

星期日

千百万人的习惯势力是最可怕的势力。没有铁一般的在斗争中锻炼出来的党,没有为本阶级一切正直的人们所信赖的党,没有善于考察群众情绪和影响群众情绪的党,要顺利地进行这种斗争是不可能的。

——列宁《共产主义运动中的"左派"幼稚病》

2024 年 9 月

16

农历八月十四

星期一

要战胜更强大的敌人,就必须尽最大的努力,同时必须极仔细、极留心、极谨慎、极巧妙地一方面利用敌人之间的一切"裂痕",哪怕是最小的"裂痕",利用各国资产阶级之间以及各个国家内资产阶级各个集团或各种类别之间利益上的一切对立,另一方面要利用一切机会,哪怕是极小的机会,来获得大量的同盟者,尽管这些同盟者可能是暂时的、动摇的、不稳定的、不可靠的、有条件的。

——列宁《共产主义运动中的"左派"幼稚病》

2024 年 9 月

17

中秋节

农历八月十五

星期二

哪里有群众,就一定到哪里去工作。
——列宁《共产主义运动中的"左派"幼稚病》

2024 年 9 月

18

农历八月十六

星期三

一个政党对自己的错误所抱的态度,是衡量这个党是否郑重,是否真正履行它对本阶级和劳动群众所负义务的一个最重要最可靠的尺度。

——列宁《共产主义运动中的"左派"幼稚病》

2024 年 9 月

19

农历八月十七

星期四

政治是一门科学，是一种艺术，它不是从天上掉下来的，不费力是掌握不了的；无产阶级要想战胜资产阶级，就必须造就出自己的、无产阶级的"阶级的政治家"，而这些政治家同资产阶级的政治家比起来应该毫不逊色。

——列宁《共产主义运动中的"左派"幼稚病》

党史上的今天

1945年9月19日，中共中央提出"向北发展，向南防御"的战略方针，强调全党全军目前的主要任务是完全控制热河、察哈尔两省，发展东北力量并争取控制东北。

2024 年 9 月

20

农历八月十八

星期五

全部历史,特别是历次革命的历史,总是比最优秀的政党、最先进阶级的最觉悟的先锋队所想象的更富有内容,更形式多样,更范围广阔,更生动活泼,"更难以捉摸"。

——列宁《共产主义运动中的"左派"幼稚病》

2024 年 9 月

21

农历八月十九

星期六

具体的政治任务要在具体的环境中提出。一切都是相对的,一切都是流动的,一切都是变化的。
——列宁《"革命公社"与无产阶级和农民的革命民主专政》

2024 年 9 月

22

秋分

农历八月二十

星期日

没有建筑在现代科学最新成就基础上的大资本主义技术,没有一个使千百万人在产品的生产和分配中严格遵守统一标准的有计划的国家组织,社会主义就无从设想。

——列宁《论粮食税》

2024 年 9 月

23

农历八月廿一

星期一

至于变革的形式、方法和手段,马克思没有束缚自己的手脚,也没有束缚未来的社会主义革命活动家的手脚,他非常懂得在变革时会有怎样多的新问题发生,在变革进程中整个情况会怎样变化,在变革进程中情况会怎样频繁而剧烈地变化。

——列宁《论粮食税》

2024 年 9 月

24

农历八月廿二

星期二

无产阶级专政就是无产阶级对政治的领导。

——列宁《论粮食税》

党史上的今天

1982年9月24日,邓小平会见英国首相撒切尔夫人,阐述中国政府对香港问题的基本立场。他指出,主权问题不是一个可以讨论的问题,1997年中国将收回香港。

2024 年 9 月

25

农历八月廿三

星期三

同社会主义比较,资本主义是祸害。但同中世纪制度、同小生产、同小生产者涣散性引起的官僚主义比较,资本主义则是幸福。

——列宁《论粮食税》

党史上的今天

1937年9月25日,八路军第一一五师主力在晋东北取得平型关大捷,歼灭日军1000余人。

2024 年 9 月

26

农历八月廿四

星期四

世界历史发展的一般规律,不仅丝毫不排斥个别发展阶段在发展的形式或顺序上表现出特殊性,反而是以此为前提的。

——列宁《论我国革命》

2024 年 9 月

27

农历八月廿五

星期五

赢得了时间就是赢得了一切。

——列宁《关于俄共策略的报告》

2024 年 9 月

28

农历八月廿六

星期六

患难识朋友。

——列宁《布尔什维主义历史的几个主要阶段》

党史上的今天

1954年9月28日,中央政治局作出《关于成立党的军事委员会的决议》。毛泽东任中央军事委员会主席,彭德怀主持军委日常工作。

2024 年 9 月

29

农历八月廿七

星期日

剥削者不可能同被剥削者平等。

——列宁《被剥削者同剥削者能平等吗？》

2024 年 9 月

30

农历八月廿八

星期一

要成就一件大事业,必须从一点一滴做起。
　　——列宁《从破坏历来的旧制度到创造新制度》

2024
October

10月

二〇二四年 辰龙

一	二	三	四	五	六	日
1 国庆节	2 三十	3 九月	4 初二	5 初三	6 初四	
7 初五	8 寒露	9 初七	10 初八	11 重阳节	12 初十	13 十一
14 十二	15 十三	16 十四	17 十五	18 十六	19 十七	20 十八
21 十九	22 二十	23 霜降	24 廿二	25 廿三	26 廿四	27 廿五
28 廿六	29 廿七	30 廿八	31 廿九			

2024 年 10 月

1

国庆节

农历八月廿九

星期二

少说些漂亮话,多做些平凡的、日常的工作。

——列宁《伟大的创举》

党史上的今天

1949年10月1日,中华人民共和国中央人民政府成立。下午3时,庆祝中华人民共和国中央人民政府成立典礼在北京天安门广场隆重举行。

2024 年 10 月

2

农历八月三十

星期三

政治是经济的集中表现。

——列宁《政治和经济。辩证法和折中主义》

2024 年 10 月

3

农历九月初一

星期四

谁要学习，谁就得交学费。

——列宁《关于俄共策略的报告》

2024 年 10 月

4

农历九月初二

星期五

宁肯少些,但要好些。

——列宁《宁肯少些,但要好些》

党史上的今天

1939年10月4日,毛泽东发表《〈共产党人〉发刊词》,指出统一战线、武装斗争、党的建设是中国共产党在中国革命中战胜敌人的三个法宝。

2024 年 10 月

5

农历九月初三

星期六

还有些人怀疑：把学习和业务结合起来是否合适？我觉得不但合适，而且应该。

——列宁《宁肯少些，但要好些》

2024 年 10 月

6

农历九月初四

星期日

马克思主义这一革命无产阶级的思想体系赢得了世界历史性的意义,是因为它并没有抛弃资产阶级时代最宝贵的成就,相反却吸收和改造了两千多年来人类思想和文化发展中一切有价值的东西。

——列宁《关于无产阶级文化》

2024 年 10 月

7

农历九月初五

星期一

判断一个人,不是根据他自己的表白或对自己的看法,而是根据他的行动。

——列宁《唯物主义和经验批判主义》

2024 年 10 月

8

寒露

农历九月初六

星期二

偏见比无知离真理更远。
——列宁《给〈莱比锡人民报〉编辑部的公开信》

2024 年 10 月

9

农历九月初七

星期三

一个国家的力量在于群众的觉悟。
　　　　——列宁《全俄工兵代表苏维埃第二次代表大会文献》

2024 年 10 月

10

农历九月初八

星期四

失败并不危险，危险的是不敢承认失败，不敢从失败中得出应有的结论。

　　　　——列宁《在莫斯科省第七次党代表会议上关于新经济政策的报告》

党史上的今天

　　1947年10月10日，中国人民解放军总部发表宣言，提出"打倒蒋介石，解放全中国"的口号。

2024 年 10 月

11

重阳节

农历九月初九

星期五

敢于承认失败,从失败的经历中学习,把做得不好的工作更仔细、更谨慎、更有步骤地重新做过。

——列宁《在莫斯科省第七次党代表会议上关于新经济政策的报告》

2024 年 10 月

12

农历九月初十

星期六

无论过去和将来,我们的力量都在于,我们对最惨重的失败也能给予十分冷静的估计,从失败的经历中学习应该怎样改进我们的活动方式。

——列宁《在莫斯科省第七次党代表会议上关于新经济政策的报告》

2024 年 10 月

13

农历九月十一

星期日

只学会了进攻而没有学会在某些困难条件下为了适应这种条件必须实行退却,是不会取得战争胜利的。自始至终全是胜利进攻的战争在世界历史上是从来没有过的,即或有过也是例外。

——列宁《在莫斯科省第七次党代表会议上关于新经济政策的报告》

2024 年 10 月

14

农历九月十二

星期一

无产阶级专政是一场战争,是一场比过去任何战争更残酷、更持久和更顽强得多的战争。在这场战争中,时时处处都有危险。

　　——列宁《在莫斯科省第七次党代表会议上关于新经济政策的报告》

2024 年 10 月

15

农历九月十三

星期二

在历史上，任何一个阶级，如果不推举出自己的善于组织运动和领导运动的政治领袖和先进代表，就不可能取得统治地位。

——列宁《我们运动的迫切任务》

2024 年 10 月

16

农历九月十四

星期三

闪光的东西不一定都是金子。

——列宁《论"派别性"》

党史上的今天

1964年10月16日,中国第一颗原子弹爆炸成功。

2024 年 10 月

17

农历九月十五

星期四

谁是我们的敌人?谁是我们的朋友?这个问题是革命的首要问题。

——毛泽东《中国社会各阶级的分析》

2024 年 10 月

18

农历九月十六

星期五

我们看事情必须要看它的实质,而把它的现象只看作入门的向导,一进了门就要抓住它的实质,这才是可靠的科学的分析方法。

——毛泽东《星星之火,可以燎原》

2024 年 10 月

19

农历九月十七

星期六

没有调查,没有发言权。

——毛泽东《反对本本主义》

2024 年 10 月

20

农历九月十八

星期日

调查就像"十月怀胎",解决问题就像"一朝分娩"。调查就是解决问题。

——毛泽东《反对本本主义》

2024 年 10 月

21

农历九月十九

星期一

我们说马克思主义是对的,决不是因为马克思这个人是什么"先哲",而是因为他的理论,在我们的实践中,在我们的斗争中,证明了是对的。

——毛泽东《反对本本主义》

2024 年 10 月

22

农历九月二十

星期二

马克思主义的"本本"是要学习的,但是必须同我国的实际情况相结合。我们需要"本本",但是一定要纠正脱离实际情况的本本主义。

——毛泽东《反对本本主义》

2024 年 10 月

23

霜降

农历九月廿一

星期三

共产党的正确而不动摇的斗争策略,决不是少数人坐在房子里能够产生的,它是要在群众的斗争过程中才能产生的,这就是说要在实际经验中才能产生。

——毛泽东《反对本本主义》

2024 年 10 月

24

农历九月廿二

星期四

革命战争是群众的战争,只有动员群众才能进行战争,只有依靠群众才能进行战争。

——毛泽东《关心群众生活,注意工作方法》

2024 年 10 月

25

农历九月廿三

星期五

一切工作，如果仅仅提出任务而不注意实行时候的工作方法，不反对官僚主义的工作方法而采取实际的具体的工作方法，不抛弃命令主义的工作方法而采取耐心说服的工作方法，那末，什么任务也是不能实现的。

——毛泽东《关心群众生活，注意工作方法》

党史上的今天

1949年10月25日，中央人民政府海关总署成立。

2024 年 10 月

26

农历九月廿四

星期六

长征是宣言书,长征是宣传队,长征是播种机。
——毛泽东《论反对日本帝国主义的策略》

2024 年 10 月

27

农历九月廿五

星期日

不论做什么事,不懂得那件事的情形,它的性质,它和它以外的事情的关联,就不知道那件事的规律,就不知道如何去做,就不能做好那件事。

——毛泽东《中国革命战争的战略问题》

2024 年 10 月

28

农历九月廿六

星期一

战争的目的在于消灭战争。
——毛泽东《中国革命战争的战略问题》

2024 年 10 月

29

农历九月廿七

星期二

一切反革命战争都是非正义的,一切革命战争都是正义的。

——毛泽东《中国革命战争的战略问题》

2024 年 10 月

30

农历九月廿八

星期三

读书是学习,使用也是学习,而且是更重要的学习。

——毛泽东《中国革命战争的战略问题》

2024 年 10 月

31

农历九月廿九

星期四

伤其十指不如断其一指。
——毛泽东《中国革命战争的战略问题》

2024
November

11月

二〇二四年 辰龙

一	二	三	四	五	六	日
				1 十月	2 初二	3 初三
4 初四	5 初五	6 初六	7 立冬	8 初八	9 初九	10 初十
11 十一	12 十二	13 十三	14 十四	15 十五	16 十六	17 十七
18 十八	19 十九	20 二十	21 廿一	22 小雪	23 廿三	24 廿四
25 廿五	26 廿六	27 廿七	28 感恩节	29 廿九	30 三十	

2024 年 11 月

1

农历十月初一

星期五

判定认识或理论之是否真理，不是依主观上觉得如何而定，而是依客观上社会实践的结果如何而定。真理的标准只能是社会的实践。

——毛泽东《实践论》

2024 年 11 月

2

农历十月初二

星期六

实践的观点是辩证唯物论的认识论之第一的和基本的观点。

——毛泽东《实践论》

2024 年 11 月

3

农历十月初三

星期日

感觉只解决现象问题,理论才解决本质问题。这些问题的解决,一点也不能离开实践。无论何人要认识什么事物,除了同那个事物接触,即生活于(实践于)那个事物的环境中,是没有法子解决的。

——毛泽东《实践论》

2024 年 11 月

4

农历十月初四

星期一

马克思、恩格斯、列宁、斯大林之所以能够作出他们的理论,除了他们的天才条件之外,主要地是他们亲自参加了当时的阶级斗争和科学实验的实践,没有这后一个条件,任何天才也是不能成功的。

——毛泽东《实践论》

2024 年 11 月

5

农历十月初五

星期二

马克思列宁主义并没有结束真理,而是在实践中不断地开辟认识真理的道路。

——毛泽东《实践论》

2024 年 11 月

6

农历十月初六

星期三

我们的结论是主观和客观、理论和实践、知和行的具体的历史的统一,反对一切离开具体历史的"左"的或右的错误思想。

——毛泽东《实践论》

2024 年 11 月

7

立冬

农历十月初七

星期四

通过实践而发现真理，又通过实践而证实真理和发展真理。从感性认识而能动地发展到理性认识，又从理性认识而能动地指导革命实践，改造主观世界和客观世界。实践、认识、再实践、再认识，这种形式，循环往复以至无穷，而实践和认识之每一循环的内容，都比较地进到了高一级的程度。这就是辩证唯物论的全部认识论，这就是辩证唯物论的知行统一观。

——毛泽东《实践论》

党史上的今天

1931年11月7日，红军第四方面军成立，徐向前任总指挥，陈昌浩任政治委员。

2024 年 11 月

8

农历十月初八

星期五

如果有了正确的理论,只是把它空谈一阵,束之高阁,并不实行,那末,这种理论再好也是没有意义的。

——毛泽东《实践论》

党史上的今天

1972年11月8日,第二十七届联合国大会通过决议,将香港、澳门从反殖民主义宣言适用的殖民地名单中删除,明确了香港、澳门不具有殖民地地位。

2024 年 11 月

9

农历十月初九

星期六

认识从实践始,经过实践得到了理论的认识,还须再回到实践去。认识的能动作用,不但表现于从感性的认识到理性的认识之能动的飞跃,更重要的还须表现于从理性的认识到革命的实践这一个飞跃。

——毛泽东《实践论》

2024 年 11 月

10

农历十月初十

星期日

知识的问题是一个科学问题,来不得半点的虚伪和骄傲,决定地需要的倒是其反面——诚实和谦逊的态度。

——毛泽东《实践论》

2024 年 11 月

11

农历十月十一

星期一

你要有知识,你就得参加变革现实的实践。你要知道梨子的滋味,你就得变革梨子,亲口吃一吃。

——毛泽东《实践论》

2024 年 11 月

12

农历十月十二

星期二

事物的矛盾法则,即对立统一的法则,是唯物辩证法的最根本的法则。

——毛泽东《矛盾论》

2024 年 11 月

13

农历十月十三

星期三

唯物辩证法认为外因是变化的条件，内因是变化的根据，外因通过内因而起作用。

——毛泽东《矛盾论》

2024 年 11 月

14

农历十月十四

星期四

研究任何过程,如果是存在着两个以上矛盾的复杂过程的话,就要用全力找出它的主要矛盾。捉住了这个主要矛盾,一切问题就迎刃而解了。

——毛泽东《矛盾论》

2024 年 11 月

15

农历十月十五

星期五

每一种社会形式和思想形式,都有它的特殊的矛盾和特殊的本质。

——毛泽东《矛盾论》

2024 年 11 月

16

农历十月十六

星期六

否认事物的矛盾就是否认了一切。这是共通的道理,古今中外,概莫能外。

——毛泽东《矛盾论》

2024 年 11 月

17

农历十月十七

星期日

在复杂的事物的发展过程中,有许多的矛盾存在,其中必有一种是主要的矛盾,由于它的存在和发展规定或影响着其他矛盾的存在和发展。

——毛泽东《矛盾论》

2024 年 11 月

18

农历十月十八

星期一

事物的性质,主要地是由取得支配地位的矛盾的主要方面所规定的。

——毛泽东《矛盾论》

2024 年 11 月

19

农历十月十九

星期二

我们的原则性必须是坚定的,我们也要有为了实现原则性的一切许可的和必需的灵活性。

——毛泽东《在中国共产党第七届中央委员会第二次全体会议上的报告》

2024 年 11 月

20

农历十月二十

星期三

可能有这样一些共产党人,他们是不曾被拿枪的敌人征服过的,他们在这些敌人面前不愧英雄的称号;但是经不起人们用糖衣裹着的炮弹的攻击,他们在糖弹面前要打败仗。我们必须预防这种情况。

——毛泽东《在中国共产党第七届中央委员会第二次全体会议上的报告》

2024 年 11 月

21

农历十月廿一

星期四

中国的革命是伟大的，但革命以后的路程更长，工作更伟大，更艰苦。这一点现在就必须向党内讲明白，务必使同志们继续地保持谦虚、谨慎、不骄、不躁的作风，务必使同志们继续地保持艰苦奋斗的作风。我们有批评和自我批评这个马克思列宁主义的武器。

——毛泽东《在中国共产党第七届中央委员会第二次全体会议上的报告》

2024 年 11 月

22

小雪

农历十月廿二

星期五

我们不但善于破坏一个旧世界，我们还将善于建设一个新世界。中国人民不但可以不要向帝国主义者讨乞也能活下去，而且还将活得比帝国主义国家要好些。

——毛泽东《在中国共产党第七届中央委员会第二次全体会议上的报告》

2024 年 11 月

23

农历十月廿三

星期六

一个共产党员,应该是襟怀坦白,忠实,积极,以革命利益为第一生命,以个人利益服从革命利益;无论何时何地,坚持正确的原则,同一切不正确的思想和行为作不疲倦的斗争,用以巩固党的集体生活,巩固党和群众的联系;关心党和群众比关心个人为重,关心他人比关心自己为重。这样才算得一个共产党员。

——毛泽东《反对自由主义》

2024 年 11 月

24

农历十月廿四

星期日

指导一个伟大的革命运动的政党，如果没有革命理论，没有历史知识，没有对于实际运动的深刻的了解，要取得胜利是不可能的。

——毛泽东《中国共产党在民族战争中的地位》

2024 年 11 月

25

农历十月廿五

星期一

马克思、恩格斯、列宁、斯大林的理论，是"放之四海而皆准"的理论。不应当把他们的理论当作教条看待，而应当看作行动的指南。不应当只是学习马克思列宁主义的词句，而应当把它当成革命的科学来学习。不但应当了解马克思、恩格斯、列宁、斯大林他们研究广泛的真实生活和革命经验所得出的关于一般规律的结论，而且应当学习他们观察问题和解决问题的立场和方法。

　　　　——毛泽东《中国共产党在民族战争中的地位》

2024 年 11 月

26

农历十月廿六

星期二

我们这个民族有数千年的历史,有它的特点,有它的许多珍贵品。对于这些,我们还是小学生。今天的中国是历史的中国的一个发展;我们是马克思主义的历史主义者,我们不应当割断历史。从孔夫子到孙中山,我们应当给以总结,承继这一份珍贵的遗产。

——毛泽东《中国共产党在民族战争中的地位》

党史上的今天

　　1975年11月26日,中国成功发射一颗返回式遥感人造地球卫星,并按计划顺利回收,成为继美国、苏联之后第三个掌握卫星回收技术的国家。

2024 年 11 月

27

农历十月廿七

星期三

马克思主义必须和我国的具体特点相结合并通过一定的民族形式才能实现。马克思列宁主义的伟大力量，就在于它是和各个国家具体的革命实践相联系的。

——毛泽东《中国共产党在民族战争中的地位》

2024 年 11 月

28

感恩节

农历十月廿八

星期四

离开中国特点来谈马克思主义，只是抽象的空洞的马克思主义。

——毛泽东《中国共产党在民族战争中的地位》

2024 年 11 月

29

农历十月廿九

星期五

革命的中心任务和最高形式是武装夺取政权,是战争解决问题。

——毛泽东《战争和战略问题》

2024 年 11 月

30

农历十月三十

星期六

每个共产党员都应懂得这个真理:"枪杆子里面出政权"。我们的原则是党指挥枪,而决不容许枪指挥党。

——毛泽东《战争和战略问题》

2024
December

12月

二〇二四年 辰龙

一	二	三	四	五	六	日
						1 十一月
2 初二	3 初三	4 初四	5 初五	6 大雪	7 初七	8 初八
9 初九	10 初十	11 十一	12 十二	13 十三	14 十四	15 十五
16 十六	17 十七	18 十八	19 十九	20 二十	21 冬至	22 廿二
23 廿三	24 廿四	25 圣诞节	26 廿六	27 廿七	28 廿八	29 廿九
30 三十	31 腊月					

2024 年 12 月

1

农历十一月初一

星期日

我们是战争消灭论者,我们是不要战争的;但是只能经过战争去消灭战争,不要枪杆子必须拿起枪杆子。

——毛泽东《战争和战略问题》

党史上的今天

1948年12月1日,中国人民银行成立并发行人民币。

2024 年 12 月

2

农历十一月初二

星期一

统一战线,武装斗争,党的建设,是中国共产党在中国革命中战胜敌人的三个法宝,三个主要的法宝。这是中国共产党的伟大成绩,也是中国革命的伟大成绩。

——毛泽东《〈共产党人〉发刊词》

2024 年 12 月

3

农历十一月初三

星期二

认清中国的国情,乃是认清一切革命问题的基本的根据。

——毛泽东《中国革命和中国共产党》

2024 年 12 月

4

农历十一月初四

星期三

一个人能力有大小,但只要有这点精神,就是一个高尚的人,一个纯粹的人,一个有道德的人,一个脱离了低级趣味的人,一个有益于人民的人。

——毛泽东《纪念白求恩》

2024 年 12 月

5

农历十一月初五

星期四

中国革命是世界革命的伟大的一部分。

——毛泽东《新民主主义论》

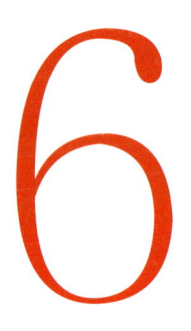

2024 年 12 月

6

大雪

农历十一月初六

星期五

共产主义是无产阶级的整个思想体系,同时又是一种新的社会制度。这种思想体系和社会制度,是区别于任何别的思想体系和任何别的社会制度的,是自有人类历史以来,最完全最进步最革命最合理的。

——毛泽东《新民主主义论》

2024 年 12 月

7

农历十一月初七

星期六

凡属我们今天用得着的东西，都应该吸收。但是一切外国的东西，如同我们对于食物一样，必须经过自己的口腔咀嚼和胃肠运动，送进唾液胃液肠液，把它分解为精华和糟粕两部分，然后排泄其糟粕，吸收其精华，才能对我们的身体有益，决不能生吞活剥地毫无批判地吸收。

——毛泽东《新民主主义论》

2024 年 12 月

8

农历十一月初八

星期日

必须将马克思主义的普遍真理和中国革命的具体实践完全地恰当地统一起来,就是说,和民族的特点相结合,经过一定的民族形式,才有用处,决不能主观地公式地应用它。公式的马克思主义者,只是对于马克思主义和中国革命开玩笑,在中国革命队伍中是没有他们的位置的。

——毛泽东《新民主主义论》

2024 年 12 月

9

农历十一月初九

星期一

中国的长期封建社会中,创造了灿烂的古代文化。清理古代文化的发展过程,剔除其封建性的糟粕,吸收其民主性的精华,是发展民族新文化提高民族自信心的必要条件;但是决不能无批判地兼收并蓄。必须将古代封建统治阶级的一切腐朽的东西和古代优秀的人民文化即多少带有民主性和革命性的东西区别开来。

——毛泽东《新民主主义论》

党史上的今天

1935年12月9日,为反对日本侵略华北,中国共产党领导北平学生掀起声势浩大的抗日救亡运动(一二·九运动),并迅速波及全国,形成抗日救国的新高潮。

2024 年 12 月

10

农历十一月初十

星期二

我们必须尊重自己的历史,决不能割断历史。但是这种尊重,是给历史以一定的科学的地位,是尊重历史的辩证法的发展,而不是颂古非今,不是赞扬任何封建的毒素。

——毛泽东《新民主主义论》

2024 年 12 月

11

农历十一月十一

星期三

真理只有一个,而究竟谁发现了真理,不依靠主观的夸张,而依靠客观的实践。只有千百万人民的革命实践,才是检验真理的尺度。

——毛泽东《新民主主义论》

2024 年 12 月

12

农历十一月十二

星期四

我们是马克思主义者,马克思主义叫我们看问题不要从抽象的定义出发,而要从客观存在的事实出发,从分析这些事实中找出方针、政策、办法来。

——毛泽东《在延安文艺座谈会上的讲话》

党史上的今天

1936年12月12日,张学良、杨虎城发动西安事变,扣留蒋介石。中共中央确定和平解决事变的方针,并派周恩来、博古、叶剑英等前往西安。经过谈判,迫使蒋介石作出"停止剿共、联红抗日"的承诺。

2024 年 12 月

13

农历十一月十三

星期五

中国的事情是一定要由中国的大多数人作主，资产阶级一个阶级来包办政治，是断乎不许可的。

——毛泽东《新民主主义的宪政》

2024 年 12 月

14

农历十一月十四

星期六

群众是真正的英雄,而我们自己则往往是幼稚可笑的,不了解这一点,就不能得到起码的知识。

——毛泽东《〈农村调查〉的序言和跋》

2024 年 12 月

15

农历十一月十五

星期日

马克思列宁主义的普遍真理一经和中国革命的具体实践相结合,就使中国革命的面目为之一新。

——毛泽东《改造我们的学习》

2024 年 12 月

16

农历十一月十六

星期一

不单是懂得希腊就行了，还要懂得中国；不但要懂得外国革命史，还要懂得中国革命史；不但要懂得中国的今天，还要懂得中国的昨天和前天。在这种态度下，就是要有目的地去研究马克思列宁主义的理论，要使马克思列宁主义的理论和中国革命的实际运动结合起来，是为着解决中国革命的理论问题和策略问题而去从它找立场，找观点，找方法的。这种态度，就是有的放矢的态度。"的"就是中国革命，"矢"就是马克思列宁主义。我们中国共产党人所以要找这根"矢"，就是为了要射中国革命和东方革命这个"的"的。这种态度，就是实事求是的态度。"实事"就是客观存在着的一切事物，"是"就是客观事物的内部联系，即规律性，"求"就是我们去研究。

——毛泽东《改造我们的学习》

2024 年 12 月

17

农历十一月十七

星期二

我们要从国内外、省内外、县内外、区内外的实际情况出发,从其中引出其固有的而不是臆造的规律性,即找出周围事变的内部联系,作为我们行动的向导。

——毛泽东《改造我们的学习》

2024 年 12 月

18

农历十一月十八

星期三

应确立以研究中国革命实际问题为中心,以马克思列宁主义基本原则为指导的方针,废除静止地孤立地研究马克思列宁主义的方法。

——毛泽东《改造我们的学习》

党史上的今天

1978年12月18—22日,党的十一届三中全会召开。

2024 年 12 月

19

农历十一月十九

星期四

中国社会是一个两头小中间大的社会，无产阶级和地主大资产阶级都只占少数，最广大的人民是农民、城市小资产阶级以及其他的中间阶级。任何政党的政策如果不顾到这些阶级的利益，如果这些阶级的人们不得其所，如果这些阶级的人们没有说话的权利，要想把国事弄好是不可能的。

——毛泽东《在陕甘宁边区参议会的演说》

2024 年 12 月

20

农历十一月二十

星期五

共产党是为民族、为人民谋利益的政党,它本身决无私利可图。它应该受人民的监督,而决不应该违背人民的意旨。它的党员应该站在民众之中,而决不应该站在民众之上。

——毛泽东《在陕甘宁边区参议会的演说》

2024 年 12 月

21

冬至

农历十一月廿一

星期六

对于马克思主义的理论,要能够精通它、应用它,精通的目的全在于应用。

——毛泽东《整顿党的作风》

2024 年 12 月

22

农历十一月廿二

星期日

真正的理论在世界上只有一种，就是从客观实际抽出来又在客观实际中得到了证明的理论，没有任何别的东西可以称得起我们所讲的理论。

——毛泽东《整顿党的作风》

2024 年 12 月

23

农历十一月廿三

星期一

马克思列宁主义理论和中国革命实际,怎样互相联系呢?拿一句通俗的话来讲,就是"有的放矢"。"矢"就是箭,"的"就是靶,放箭要对准靶。马克思列宁主义和中国革命的关系,就是箭和靶的关系。

——毛泽东《整顿党的作风》

2024 年 12 月

24

农历十一月廿四

星期二

马克思列宁主义之箭,必须用了去射中国革命之的。这个问题不讲明白,我们党的理论水平永远不会提高,中国革命也永远不会胜利。

——毛泽东《整顿党的作风》

2024 年 12 月

25

圣诞节

农历十一月廿五

星期三

任何犯错误的人,只要他不讳疾忌医,不固执错误,以至于达到不可救药的地步,而是老老实实,真正愿意医治,愿意改正,我们就要欢迎他,把他的毛病治好,使他变为一个好同志。

——毛泽东《整顿党的作风》

2024 年 12 月

26

农历十一月廿六

星期四

马克思列宁主义是马克思、恩格斯、列宁、斯大林他们根据实际创造出来的理论，从历史实际和革命实际中抽出来的总结论。我们如果仅仅读了他们的著作，但是没有进一步地根据他们的理论来研究中国的历史实际和革命实际，没有企图在理论上来思考中国的革命实践，我们就不能妄称为马克思主义的理论家。

——毛泽东《整顿党的作风》

2024 年 12 月

27

农历十一月廿七

星期五

如果一个人只知背诵马克思主义的经济学或哲学，从第一章到第十章都背得烂熟了，但是完全不能应用，这样是不是就算得一个马克思主义的理论家呢？这还是不能算理论家的。我们所要的理论家是什么样的人呢？是要这样的理论家，他们能够依据马克思列宁主义的立场、观点和方法，正确地解释历史中和革命中所发生的实际问题，能够在中国的经济、政治、军事、文化种种问题上给予科学的解释，给予理论的说明。

——毛泽东《整顿党的作风》

2024 年 12 月

28

农历十一月廿八

星期六

我们共产党人无论进行何项工作,有两个方法是必须采用的,一是一般和个别相结合,二是领导和群众相结合。

——毛泽东《关于领导方法的若干问题》

2024 年 12 月

29

农历十一月廿九

星期日

人总是要死的,但死的意义有不同。中国古时候有个文学家叫做司马迁的说过:"人固有一死,或重于泰山,或轻于鸿毛。"为人民利益而死,就比泰山还重;替法西斯卖力,替剥削人民和压迫人民的人去死,就比鸿毛还轻。

——毛泽东《为人民服务》

党史上的今天

1968年12月29日,南京长江大桥全面建成通车。

2024 年 12 月

30

农历十一月三十

星期一

拿资本主义的某种发展去代替外国帝国主义和本国封建主义的压迫,不但是一个进步,而且是一个不可避免的过程。它不但有利于资产阶级,同时也有利于无产阶级,或者说更有利于无产阶级。

——毛泽东《论联合政府》

党史上的今天

1948年12月30日,毛泽东为新华社撰写《将革命进行到底》的新年献词。

2024 年 12 月

31

农历腊月初一

星期二

中国一切政党的政策及其实践在中国人民中所表现的作用的好坏、大小，归根到底，看它对于中国人民的生产力的发展是否有帮助及其帮助之大小，看它是束缚生产力的，还是解放生产力的。

——毛泽东《论联合政府》